TOUT L'OR
DU MONDE

TOUT L'OR
DU MONDE

GIOVANNA BERGAMASCHI

Préface par Alain Boucheron

avec la collaboration de Nicoletta Branzi
Traduit de l'italien par Sylvie Girard

© 1984, Idealibri s.r.l., Milan
pour l'édition originale
© 1989, Gentleman Editeur, Paris
pour l'édition française

Réalisation : OCTAVO EDITIONS

Photocomposition ADG, Paris

ISBN 2906730-18-1
Imprimerie Saint-Paul
Dépôt légal : novembre 1989
N° 11-89-1106

SOMMAIRE

*Or, or. L'or est tout,
et le reste sans or
n'est rien.*
Denis Diderot

PREFACE

L'OR POUR L'ETERNITE

L IE à l'histoire de l'humanité, l'or fait partie de nos mythologies, de nos rêves, de nos désirs. Pour parler avec les Dieux, pour entrer dans les ténèbres, les Egyptiens paraient les pharaons d'un sarcophage d'or : il devint alors sacré, symbole de divinité, d'immortalité. En mettant au jour le tombeau de Toutankhamon les archéologues Carter et Lord Carnarvon offraient aux hommes un mythe vivant. Momifié pour toujours le pharaon était recouvert d'or comme il le fut de son vivant. Lui seul possédait l'or, le distribuait autour de lui, et affirmait sa puissance et son rayonnement : l'or revêtait ainsi une signification politique et religieuse.

Lorsque les Romains s'en emparent c'est pour affirmer leur pouvoir et tresser des lauriers à la gloire de César. C'est dans la région transylvanienne qui regroupe la Hongrie et la Roumanie actuelles qu'il le trouve. L'or est un trésor de guerre ; mais il va être régenté, réglementé à des fins sociales. Sous l'Empire seuls les hommes libres peuvent porter des bagues (les matrones se chargent d'or pour séduire à tout jamais), César paie ses légions en or ; et naît la première monnaie en or avec l'effigie de l'Empereur d'un côté et de l'autre une scène religieuse ou politique.

C'en est trop pour l'homme. Désormais il voudra savoir d'où vient cet or, en percer le secret, en recréer l'alchimie. On lui confère des vertus magiques, voire diaboliques : c'est au milieu d'alambics et de cornues que les ''savants'' vont chercher à percer le mystère en distillant le plomb, le fer, le cuivre et le mercure... en vain ! Ils ne trouveront que des potions : ''Teinture d'or du soleil'', ''vitriol d'or'', ''huile d'or''... on y voit toutes les vertus même celle de guérir : de Louis XI à Louis XIV chacun se laissera séduire par le mythe de ces infusions miracles. Jusqu'à nos jours où dit-on l'or garde en Extrême-Orient des facultés aphrodisiaques. Mais l'or conserve son mystère...

Des Princes aux Rois il est marqué de solennité, de pouvoir : l'or devient Roi Soleil : toujours du côté des Dieux, mais vivants cette fois. La chasse à l'or est désormais commencée. Marco Polo et Christophe Colomb écument les mers et les terres vierges suivant une route de l'or qu'ils ont tracée dans leurs rêves. Cortes lui-même vient aux Indes uniquement pour trouver de l'or. Pizarro pillera les Aztèques dans le même but, jusqu'à ce que les Incas livrent leur fabuleux trésor. L'Eldorado est enfin trouvé et anéanti. L'or représente la richesse.

Au XIXème siècle les Dieux ne sont plus admirés mais la nouvelle valeur marchande et économique de l'or est déifiée. Il suffit qu'un ouvrier trouve dans le fleuve Sacramento à l'ouest des Etats-Unis d'Amérique une pépite pour que la ruée vers l'or commence. Elle fait même naître un état : la Californie. L'homme y brise souvent ses rêves mais la société en profite pour mettre en place un système économique et de communication qui donneront naissance au capitalisme. L'or est désormais une valeur sûre, que toutes les places financières du monde entier vont pouvoir gérer et capitaliser. On en réglemente son achat, on le contrôle. Dans le même temps les orfèvres, qui au cours des siècles comme Benvenutto Cellini ont glorifié l'or pour en faire des bijoux, se servent du métal précieux comme base même à leurs créations. L'or est désormais ornement de la vie, toujours aussi précieux, mais un peu plus utilisé.

Et pour l'éternité, il restera un rêve sans fin...

Alain Boucheron

INTRODUCTION

ETERNELLE SPLENDEUR

IL resplendit, il reluit, il aveugle, il éblouit, il rutile, il scintille, il étincelle... Depuis que le monde est monde, les poètes, les philosophes ou les dictons populaires ont pris l'or comme le symbole absolu de la beauté, de la noblesse d'âme, bref, de toutes les qualités. ''Le silence est d'or'', mais ''parler d'or'' est également une vertu. ''Franc comme l'or'', ''un coeur d'or'' : que d'atouts merveilleux à faire durer jusqu'aux ''noces d'or'' que célèbrent les vieux époux. Et si ''tout ce qui brille n'est pas or'', gardez-vous de tuer ''la poule aux oeufs d'or''. ''Casque d'or'' a-t-on dit d'une somptueuse chevelure blonde. ''Pour tout l'or du monde'' c'est à aucun prix ! En somme tout cela ''vaut son pesant d'or''...

Et le Roi Soleil ? Et l'Eldorado ? Et le Grand Œuvre des alchimistes ? De l'or, encore de l'or, toujours de l'or. Une fascination qui remonte aux temps les plus anciens, une passion, inchangée à travers les siècles, qui devient fièvre, tentation, obsession. Elle tourne à la perte de qui en est possédé, lui fait regretter d'être né. Voyez le roi Midas, qui transformait en or tout ce qu'il touchait, don funeste de Dionysos. Mais quand on le traite avec les égards qui lui sont dus, l'or n'est point traître, l'or est bon, l'or est juste. C'est bien ce noble métal qui fut choisi de tout temps pour évoquer la lumière divine, sur les fonds dorés des icônes antiques, dans les mosaïques éblouissantes des églises byzantines, sur les corniches sculptées, les auréoles des saints et des anges, les lettrines des textes sacrés, et jusque dans l'or des anneaux de mariage, des petites chaînes et des croix que l'on suspend au cou des bébés, comme une amulette divine.

Même aujourd'hui, à notre époque de médiatisation souvent forcenée, l'or reste un mythe toujours bien vivant. Avec ou sans signature, jaune, blanc, rouge ou violet, tout le monde en porte. Et l'on en porte même plus que jadis, vue la plus grande diffusion des objets, ou des babioles, en or. Il fut un temps où seuls portaient de l'or (où seuls avaient le droit d'en arborer) les rois d'émanation divine, les dignitaires et les grands prêtres, et les broderies d'or sur les parements sacrés de leurs vêtements en disaient long sur les symboles complexes liés à leurs fonctions. Parmi les bourgeois, seuls les très riches pouvaient se permettre de tels ornements. Pour eux, l'or ouvrait pour ainsi dire les portes de la vie (au baptême), il sanctionnait les grandes étapes de la vie (le mariage, la maternité, les mérites guerriers ou les récompenses civiles), mais ce n'était jamais un objet quotidien.

Mais où se trouve l'or brut ? Où en sont les réserves ? Continuera-t-il à nourrir nos désirs et nos rêves ? De l'or, il y en a partout. Dans les eaux des fleuves, dans les dépôts sableux le long des rives, dans les veines rocheuses des montagnes. Sa présence n'est pas liée à des réserves particulières de très ancienne origine (comme pour la houille, le fer et surtout le pétrole). L'or, on marche dessus, pratiquement. Mais même si l'on pouvait réunir tout l'or extrait dans le monde depuis les Egyptiens jusqu'à nos jours, on parviendrait à peine à un cube de 17 mètres de côté, à peu près un modeste immeuble de cinq étages. Le pouvoir de l'or se concrétise en réalité dans l'objet, la bague, le bracelet, le collier, bref la parure, tant il est vrai que, aujourd'hui encore, l'or est utilisé à 58 % pour la production des bijoux. Mais sur le pourcentage restant, 21 % concernent les monnaies et les médailles, allusion directe par conséquent au pouvoir de l'Etat, des institutions, de la gloire. Et pour ce qui est des 8 % qui subsistent, c'est encore une question de pouvoir qui s'exprime dans les instruments électroniques sophistiqués, dans les appareillages de dentisterie ou de chirurgie.

Et le reste ? Il est conservé sous forme de lingots dans les coffres des banques. C'est la quintessence du pouvoir, car il n'a besoin ni de forme particulière, ni d'emploi spécifique. Sa propre existence suffit au crédit (c'est le cas de le dire) de celui qui le possède. Les réserves américaines, comme le légendaire Fort Knox, n'ont pas le pouvoir d'attraction des vitrines de chez Cartier, mais s'ils n'existaient pas, les Etats-Unis d'Amérique au grand complet seraient précipités dans une crise qui ne connaîtrait aucun remède. Sauf, peut-être, celui de retrouver les mines du Roi Salomon, tout aussi légendaires.

CHAPITRE I

Le 17 février 1923, on dégageait l'entrée de la tombe de Toutankhamon. Ainsi se réalisait le rêve de Howard Carter, archéologue visionnaire, et de lord Carnarvon, mécène amoureux de l'antiquité égyptienne. Devant leurs yeux éblouis apparaissait le seul trésor intact dans toute la vallée des Rois.

C'était le fabuleux trésor du jeune pharaon enseveli en 1343 avant Jésus-Christ, dont les traces avaient disparu et qui avait bien peu fait pour mériter le renom immense qui s'attachait désormais à son nom. En effet, ce renom dépendait bien moins de ses faits et gestes que de son tombeau, et la valeur de ce qu'il contenait.

La maison de la vie

C'est à cause du trésor énorme qu'il renfermait que le tombeau de Toutankhamon était entouré d'un halo de légendes et que l'obscure "malédiction des pharaons" pesait sur lui. Il y avait eu, certes, tout un enchaînement d'incidents inquiétants autour de cette extraordinaire découverte, mais la "malédiction" était surtout un bruit que faisaient courir pillards et marchands peu scrupuleux pour tenir à l'écart les curieux ou les savants désintéressés, comme Carter et lord Carnarvon.

En ce jour de 1923, le mystère était percé et les deux archéologues pouvaient enfin contempler le "trousseau" funèbre d'un authentique pharaon égyptien : une incroyable débauche d'or, de bijoux, de bois et de métaux précieux, qui faisait de la dernière demeure d'un fils de Râ, de Râ incarné même, la demeure solaire par excellence. Le tombeau du pharaon représentait véritablement la "maison de vie", car la splendeur et l'incorruptibilité de l'or rendaient également éternels, resplendissants et incorruptibles les objets, les ustensiles et surtout le corps lui-même du pharaon que le tombeau gar-

Masque mortuaire de Toutankhamon, musée du Caire (cl. Ross, Rapho).

dait au coeur de la terre. Sur les trois sarcophages qui protégeaient la momie de Toutankhamon, le dernier en effet, celui qui adhérait à son corps, était entièrement en or, et le masque qui conservait à jamais l'effigie du jeune roi était en or finement modelé sur son visage.

Le pharaon distribue des cadeaux à ses prêtres ; d'après une fresque de Tell-el Amarna

L'or est Soleil et le Soleil est Dieu

Le trésor de Toutankhamon explique précisément la signification religieuse et politique du précieux métal dans la société égyptienne au cours de plus de 5 000 ans. L'or représente en effet, pour les Egyptiens, Râ sur terre, le Soleil dont provient toute chose, et c'est cette filiation qui donne sa légitimité au pharaon et à sa descendance. L'or qui revêtait son corps momifié était le même qui ornait et faisait resplendir sa personne lorsqu'il était vivant : seul le pharaon possédait de l'or, et lui seul le distribuait à sa guise aux artisans, aux artistes ou à son entourage familier. Tout ce qui entourait le souverain était en or : chaque partie de son corps était chargée de bijoux, son sceptre et son bâton royal étaient en or, ainsi que les éventails qui lui procuraient de l'ombre et bien sûr le trône sur lequel il s'asseyait. D'or encore étaient les chars de parade qui étincelaient au soleil.

Les sources de l'or et le mystère du Punt

L'importance religieuse et politique de l'or coïncidait avec sa valeur intrinsèque et son rôle dans les échanges commerciaux. Tout cela, les Egyptiens le savaient parfaitement bien, et sans doute aussi les peuples qui étaient leurs voisins, car les fouilles du Fayoum ont exhumé des objets de silex et d'or qui remontent à 10 000 ans av. J.-C., époque à laquelle il n'existait pas encore en Egypte de structure politique. C'est peut-être à partir de ces temps reculés que naquit le mythe selon lequel Osiris, aidé par Upust et Anubis (ce fameux dieu funéraire à la tête de chacal), partit à la conquête de l'Egypte et en fit don aux souverains de la première Dynastie.

On voit dans les tombeaux égyptiens de nombreuses inscriptions et des scènes qui représentent les expéditions du pharaon dans les terres lointaines, tenues jalousement secrètes, et dont il revient chargé d'or, d'ivoire et d'ébène. Il s'agissait donc de terres d'Afrique, mais lesquelles ? Selon d'illustres savants, les anciens Egyptiens désignaient jadis sous le nom de Punt la côte des Somalis et les pays arabes qui leur faisaient face. Une expédition vers le Punt, cela signifiait par conséquent une traversée du désert, en contournant des zones inaccessibles avant d'arriver à la mer Rouge et, enfin, des tractations avec les populations qui surveillaient l'accès à la péninsule arabe.

Entreprise colossale, qui demandait des moyens énormes. Et en effet, à partir de la IIe Dynastie (3000 ans

Bracelet égyptien en or et émail ; gravure du XIXe siècle

av. J.-C.), il existait un ''Département des Travaux du Roi'', qui exploitait les carrières de pierre, les mines de turquoise du Sinaï et celles d'or du Punt. Tout cet or affluait dans les dépôts royaux avant d'être redistribué aux artisans spécialisés, en fonction des travaux qu'ils avaient à exécuter. Aujourd'hui encore, dans les pays occidentaux, l'or à travailler est mis en circulation par des banques autorisées par le gouvernement. Les ressources en or, en pierres précieuses et semi-précieuses expliquent le magnifique développement de l'orfèvrerie et de la bijouterie dans l'Egypte ancienne, qui se manifeste avec une variété et une élégance sans égales. L'assimilation entre l'or et le soleil, et avec tout ce qui est expression de la vie, est le fondement de son emploi comme objet de dévotion et de magie.

Les techniques d'extraction

Outre les mines d'or de Nubie et du Punt, le précieux métal se trouvait également dans les eaux du Nil, et c'est même probablement dans le grand fleuve que l'on parvint à extraire de l'or pour la première fois. Ingénieux comme ils l'étaient, les Egyptiens ne tardèrent pas à s'apercevoir que l'or avait un poids supérieur à celui de l'eau ou de l'argile ou des détritus rocheux : c'est ainsi que naquit le procédé du lavage avec un tamis pour récupérer les pépites, une technique qui n'a guère changé jusqu'à aujourd'hui. En Egypte, les boues aurifères étaient sans doute tamisées à l'aide de branchages entrelacés, de peaux de mouton, puis lavées sur des plans de bois inclinés, avec des barrages transversaux qui permettaient l'écoulement de l'eau et la récupération des pépites. Pour séparer l'or de la boue, il fallait des quantités énormes d'eau, aussi précieuse que l'or pour les Egyptiens. Ils mirent donc au point des installations complexes qui recyclaient l'eau de lavage.

L'organisation des mines d'or

C'est au Musée égyptien de Turin, en Italie, que l'on conserve la représentation topographique la plus ancienne du monde : il s'agit de la zone minière de Dakkech, un territoire libyen dont l'exploitation fut inaugurée par un grand pharaon, Sethi 1er, en l'an 1300 av. J.-C., et à laquelle il donna un développement considérable. C'est également grâce aux dessins et inscriptions du tombeau de Sethi que l'on apprend comment étaient organisées les mines royales. Des villages entiers se créaient aux

La reine Henutaui en train de brûler de l'encens pour les dieux.

confins de la zone d'exploitation, chacun d'entre eux étant dirigé par un ''Chef de l'or''. Les Chefs de l'or étaient responsables de leur travail devant un régent nommé par le Roi lui-même.

Les ouvriers des mines d'or n'étaient pas des esclaves réduits à merci ou des prisonniers de guerre voués à l'extermination dans les étendues désolées du désert brûlant. C'étaient des ouvriers spécialisés par catégories (les excavateurs, les laveurs, les transformateurs), pour lesquels le roi avait prévu des logements, un ''salaire décent'', des soins médicaux, une alimentation en fonction du travail à fournir, des jours fériés et même une assistance spirituelle par le biais d'un temple dédié aux dieux de l'Egypte, priés de veiller avec bienveillance sur les enfants du Pharaon, ses sujets.

Pendant des millénaires, l'exploitation des mines fut donc un facteur de prospérité également pour les ouvriers, les intendants, les artisans : pour chaque tonne de roches extraites, le rendement était de 50, 100, parfois 500 grammes d'or, un chiffre énorme si on le compare aux 6,32 grammes d'or par tonne extraits de nos jours des mines d'Afrique du Sud.

Transformation et raffinage

Lorsque les roches aurifères étaient arrachées à la montagne, c'étaient les ouvriers les plus anciens, et donc les moins vigoureux, qui étaient chargés d'en constituer de grands tas, à l'extérieur de la mine. Ils les cassaient à coups de pioche pour en réduire les dimensions, puis ils passaient les cailloux aux femmes, qui les transformaient petit à petit en poudre très fine. A ce point intervenait le lavage, comme pour l'or des alluvions, et finalement on obtenait des grains d'or pur.

Dans les premiers temps, on n'allait pas plus loin : les grains d'or et les pépites étaient battus jusqu'à être réduits en fines lamelles, qui servaient ensuite d'ornements à entrelacer dans les fils des perruques ou à suspendre à des chaînes comme pendentifs. Petit à petit, vers la IIᶜ Dynastie, la technique de l'orfèvrerie fit des progrès considérables : l'or s'employait en lamelles incrustées sur les anses des vases, sur les manches des couteaux, et l'on se mit à associer de plus en plus l'or et les pierres précieuses. C'est à une époque ultérieure que l'on entreprit de pratiquer la fusion. Les grains d'or lavés étaient réunis dans des creusets en argile et soumis à la fusion pendant cinq ou six jours d'affilée, en les mélangeant avec du plomb, du sel, de l'étain, du son, qui faisaient baisser le degré de fusion et en facilitaient ensuite la purification.

Toutankhamon dixit

"J'ai fait reconstruire les sanctuaires, j'ai fait resurgir de terre les temples en leur donnant toutes sortes d'objets précieux. J'ai fait dresser pour les dieux des statues d'or et d'argent, ornées de lapis-lazuli et toutes sortes de pierres".

Ainsi se glorifie Toutankhamon sur une stèle provenant de Karnak et conservée aujourd'hui au musée du Caire. Une vantardise de jeune roi, sans doute... Mais aussi la justification émouvante de cet emploi forcené, parfois délirant, de l'or que Carter et lord Carnarvon trouvèrent dans son tombeau, ce vendredi 17 février 1923.

Collier en or du pharaon Sheshonk, XXIᵉ Dynastie.

CHAPITRE II

DANS les années 1870, Heinrich Schliemann, qui s'était lancé dans une recherche passionnée de l'antique ville de Troie, fit une découverte fabuleuse. Les fouilles qu'il dirigeait s'étendaient sur le territoire de Mycènes, localité du Péloponnèse d'où étaient partis les Grecs à l'assaut de Troie. Mycènes et son royaume étaient devenus un mythe dont on avait perdu jusqu'à la trace. Il subsistait des vestiges de murailles cyclopéennes, des tumuli souterrains et un long corridor qui conduisait vers une construction cylindrique, barrée par une gigantesque porte. L'ensemble, avec ses cercles de tombes et ses murs tombés en poussière, gardait l'aspect sinistre de ce qui avait été la capitale légendaire des Atrides, environnés des grandes figures tragiques d'Agamemnon, de Ménélas, de Clytemnestre et d'Oreste.

Le trésor des Atrides

Schliemann était convaincu de se trouver à l'emplacement du site où avaient été ensevelis les héros de cette famille antique et, en effet, dans l'une des tombes mises à jour, un fantastique trésor fut exhumé : des diadèmes, des colliers, des bagues, des bracelets, des plaques ornementales, des boucles de ceinture, des baudriers, des coupes, des vases, des épées, des masques,... le tout en or massif !

Pour Schliemann, c'était le trésor d'Agamemnon, et le masque d'or qui s'y trouvait était le masque mortuaire du grand roi mycénien au tragique destin. Une fois de plus, Homère avait raison ! Nous savons aujourd'hui qu'il n'en est rien et que les tombes de Mycènes n'ont pas accueilli les dépouilles des Atrides, mais une chose est certaine : les tombes, les vestiges et les objets funéraires trouvés sur le site appartiennent à une civilisation très ancienne qui s'est développée parallèlement

à celles de la Crète et de Troie, seize siècles environ avant l'ère chrétienne. Alors d'où venait l'or du "trésor" des Atrides, puisque jamais la péninsule hellénique n'a possédé de ressources aurifères ? Encore une fois, c'est la mythologie qui peut nous fournir une piste, un indice sûr pour trouver le "fil rouge" de la réalité.

Jason et la Toison d'or

C'était pour sauver le frère et la sœur, Hellè et Prixos, des griffes de leur cruelle marâtre que le dieu Hermès envoya sur terre un bélier ailé revêtu d'une toison d'or. Le bélier fit docilement monter sur son dos les deux enfants et s'envola vers des pays lointains. Passé le premier élan d'enthousiasme, Hellè et Prixos furent saisis d'une grande frayeur. Hellè tomba dans la mer, dans le détroit qu'on nomme depuis Hellespont, tandis que Prixos réussissait à s'en tirer sain et sauf, au terme de son vol périlleux. Le bélier avait atterri en Colchide, aux pieds du Caucase. Prixos, par action de grâce, sacrifia le bélier à Zeus après l'avoir soigneusement dépouillé de sa toison. Le "père des dieux", satisfait par cette offrande, accueillit la dépouille du bélier parmi les douze signes du Zodiaque. Mais que devint la précieuse toison ? Comme il se trouvait en terre étrangère, sans appui et sans défense, Prixos eut l'idée de l'offrir au roi de Colchide, Aiétès. C'est ainsi que la Toison d'Or fut attachée à la branche d'un hêtre au milieu d'une forêt, surveillée jour et nuit par un féroce dragon. Son renom fameux parvint rapidement aux oreilles du perfide roi de Thessalie, Pélias, qui ordonna à Jason d'aller la conquérir.

L'expédition mise sur pied pour affronter la terrible entreprise réunissait les plus grands héros du moment : d'Hercule à Esculape, en passant par Orphée et par Thésée, sans compter les jumeaux Castor et Pollux. Cette illustre troupe passa à la postérité sous le nom des "Argonautes".

Argos en réalité était le nom du constructeur du navire *Argo,* sur lequel s'embarquèrent les héros. Navire qui possédait une marraine d'exception en la personne d'Athéna elle-même, qui avait tissé de ses propres mains les voiles de l'embarcation.

Les aventures des Argonautes, telles que nous les racontent les manuels scolaires ou les superproductions hollywoodiennes, font défiler nombre de hauts faits légendaires : la lutte contre les Harpies, qui dévorent la pitance destinée au devin aveugle Phinée ; le passage entre les roches flottantes qui dérivent, poussées par les courants contraires ; l'intervention de Médée contre son père Aiétès, propriétaire de la Toison d'Or ; les sirènes rendues muettes par le chant d'Orphée... Le souvenir

de cette quête resta si intense à travers l'histoire que l'on retrouve notre bélier, ou plutôt son effigie, à une époque beaucoup plus récente, à la fin du XIVᵉ siècle, dans l'emblème de l'un des ordres de chevalerie les plus illustres et les plus secrets, l'Ordre de la Toison d'Or. Cet ordre n'était attribué, avec tous les honneurs, qu'aux plus grands princes de l'Europe. Mais cette Toison d'Or faisait également allusion à la quête de l'or des alchimistes et symbolisait la conquête de l'immortalité et du pouvoir magique. Mais revenons aux Grecs...

La conquête des sources d'or

Dans leur recherche de terres cultivables pour établir

Des mineurs au travail, sur une tablette du Ve siècle provenant de Corinthe.

les populations en excédent ou reléguer les ennemis de l'Etat, les cités grecques entreprirent de fonder des centaines de colonies dans le Bassin méditerranéen et même au-delà. Tout le monde connaît les villes florissantes de la Grande Grèce en Italie, en France, en Espagne, en Afrique, mais on sait moins que la diaspora grecque parvint également jusqu'en Russie, par delà l'Hellespont (le détroit des Dardanelles). Si l'on remplace le terme de Russie par celui de Colchide, le mystère commence à s'éclaircir.

Dans la première moitié du VIIe siècle, des colons venus de Paros fondèrent une ville nommée Taso, près de l'embouchure du fleuve Nesto. De là, on parvenait facilement en Thrace, l'actuelle Roumanie, où se trouvaient d'énormes gisements aurifères. Après de longues hostilités, Thraces et Grecs conclurent un accord et permirent aux colons d'extraire l'or des mines et d'en faire le commerce. Le même phénomène se produisit à Abido, sur la route du Pont-Euxin, la mer Noire. C'est là que donne en effet la péninsule de Crimée, la mythique Colchide, extraordinairement riche en mines et en sables aurifères. Ce n'est pas par hasard que l'or fabuleux des Scythes trouvait là sa source. Pour en revenir au trésor des Atrides, de toute évidence plus ancien que le Ve siècle, il faut croire que la route Pont-Euxin-Hellespont-Grèce était déjà ouverte et parcourue depuis des siècles.

[21]

Un fabuleux butin pour Alexandre

L'œil bleu et l'œil noir d'Alexandre le Grand ont du briller d'excitation le jour où il vit pointer à l'horizon les premiers chars transportant le tribut que payaient les Perses après la capitulation de Suse et de Persépolis. C'était en 333 av.J.-C. : Darius III, roi de Perse, avait été définitivement battu. Il fallut une colonne de dix mille bêtes de somme pour transporter jusqu'en Grèce ces trésors qui avaient fait la gloire des rois perses et qui provenaient des royaumes d'Orient les plus raffinés, comme ceux des Assyriens et des Babyloniens. Un butin sans précédent qui permit aux Grecs de s'approprier les techniques du travail de l'or mises au point au cours des siècles par les hommes de l'Orient.

Crésus et la première monnaie

L'unité de poids et de monnaie de la Grèce antique, le statère, fut elle aussi le fruit d'une conquête militaire : la Lydie, gouvernée jadis par le roi Crésus. Ce fut en effet Crésus qui, en 560 av.J.-C, frappa le premier statère d'or en y gravant les symboles de son pouvoir. Jusqu'alors on utilisait pour les monnaies un alliage appelé *lectrum,* composé d'argent et d'or. La richesse de Crésus trouvait ses origines dans le mythe du roi Midas, qui transformait en or tout ce qu'il touchait, jusqu'à ce qu'il finisse par se jeter dans le fleuve Pactole - qui depuis lors roule des pépites d'or - pour se libérer de cet enchantement fâcheux qu'avait jeté sur lui Dionysos.

Un peu d'or pour tout le monde

D'or étaient la couronne et les bracelets d'Aphrodite telle que la parèrent les Heures lorsqu'elle émergea des eaux. D'or aussi le char de Zeus et celui de Poséidon. D'or le casque, l'armure et les flèches d'Athéna lorsqu'elle naquit d'un violent mal de tête de Zeus, soigné par un coup de hache bien appliqué de la main d'Ephaïstos par où sortit la déesse. D'or la lyre d'Apollon, dieu de la musique et des arts. D'or, la pomme que la déesse Discorde donna à Pâris pour qu'il choisisse la plus belle des déesses (de ce jour datent les rapports quelque peu tendus qui règnent entre Aphrodite, Hera et Athéna). D'or les flèches d'Artémis, déesse de la chasse, les sandales d'Aphrodite, les fruits du jardin des Hespérides - les fameuses pommes d'or -, ainsi que le caducée d'Hermès, dieu du commerce et de la médecine.

Le rectangle d'or des Romains

On connaît aujourd'hui le célèbre "triangle d'or" où l'on cultive le pavot dont on extrait l'opium. Les Romains quant à eux possédaient le "rectangle d'or", une vaste zone comprise entre la Hongrie et la Roumanie actuelles, où l'or abondait dans les sables des alluvions et dans les mines. A l'intérieur de cette région transylvanienne, l'extraction minière était l'unique source de richesse, et elle était tenue en mains par le gouvernement central de Rome qui envoyait sur place prisonniers de guerre, exilés politiques et condamnés aux travaux forcés comme ouvriers dans les mines. Comme les Grecs, les Romains ne possédaient pas sur leur territoire de gisements importants, et comme les Grecs, ils se mirent à exploiter l'or dans les pays conquis, en commençant par la Sardaigne, puis en poursuivant par l'ouest, avec la Gaule, l'Espagne et la Bretagne, puis par l'est, avec la Macédoine, l'Asie Mineure et la région des Carpathes. En l'espace de quelques siècles, de vastes régions de l'Europe se transformèrent en une mine immense, tandis qu'à Rome l'afflux du métal précieux déchaînait une véritable folie, notamment auprès des nobles patriciennes et des courtisanes raffinées.

Dans les entrailles de la terre

C'est Pline l'Ancien, un savant passionné par tous les phénomènes naturels, qui nous a révélé les méthodes d'extraction pratiquées dans les richissimes mines des

Asturies, région alors nommée Arrugia.

Les galeries étaient étayées grâce à de nouveaux systèmes qui les rendaient plus sûres, mais souvent il fallait renoncer à tel filon parce que la galerie avait une mauvaise direction ou que le soutènement de bois, en se brisant, provoquait des fissures qui entraînaient des pans de montagne entiers. Il existait certes un système d'alarme "au son de voix", pour permettre aux mineurs de s'échapper à la moindre alerte. Pour extraire plus facilement les roches aurifères, on employait un explosif qui, lui aussi, pouvait devenir dangereux et les phénomènes d'asphyxie n'étaient pas rares dans les boyaux étroits.

La grandeur imposante de l'Empire romain se reflète d'ailleurs dans la manière d'entreprendre les recherches de gisements miniers. En Asturies comme en Dalmatie, à ce que raconte l'historien Strabon, les Romains inondaient les terres de part et d'autre des "fleuves de l'or" : l'effet était spectaculaire car les pépites, restées jusqu'alors dissimulées parmi les sables, se mettaient tout à coup à briller comme si la terre soudain prenait feu. Le recours à la force des canaux souterrains, pour obtenir de l'or alluvionnaire à partir des veines rocheuses du sous-sol, devint de plus en plus complexe et sophistiqué. En désagrégeant les roches, l'eau accomplissait une tâche qui aurait nécessité des jours de travail, avec une main-d'œuvre énorme.

La toilette des Romaines

Une loi à Rome sous l'Empire réglait l'emploi de l'or pour les bagues d'homme : seuls les hommes libres depuis plusieurs générations avaient le droit d'en porter. Les citoyens émancipés depuis peu devaient se limiter à un anneau d'argent, tandis que les esclaves se contentaient d'un petit cercle de fer. Malgré ces réglementations, l'or était assez répandu parmi les Romains. César bien souvent payait ses légionnaires en répartissant une partie du butin récupéré sur les vaincus. Mais ce sont les Romaines, les "matrones", qui utilisaient la plus grande partie des bijoux. Jérôme Carcopino, dans la *Vie quotidienne à Rome à l'apogée de l'Empire,* décrit le réveil d'une matrone, sa toilette et son habillement. Un rôle essentiel était dévolu à l'*ornatrix,* chargée de coiffer, de maquiller, de parer sa maîtresse et de draper sur elle ses vêtements. "... La matrone, une fois fardée, toujours avec l'aide des ornatrices, passe en revue ses bijoux enchâssés de pierres précieuses et les met en place les uns après les autres : le diadème sur ses cheveux, les boucles d'oreilles, le collier (*monile*) et les breloques (*catellae*) autour du cou, le pendentif (pectoral) sur la poitrine, les bracelets au poignet, les bagues aux doigts, sans oublier les anneaux qu'elle portait aux bras et aux chevilles."

Les monnaies de César

La première monnaie en or frappée par les Romains fut l'*aureus nummus*, défini par César, d'un poids de huit grammes. Sur une face de la monnaie était frappée l'effigie de l'empereur, sur l'autre une scène religieuse ou un événement politique important. L'*aureus nummus* se ressentit de la crise progressive qui frappait l'Empire, soumis aux lois de l'inflation et y perdant progressivement du poids et de la valeur, jusqu'à ce que le système monétaire soit entraîné dans un chaos que seul l'empereur Constantin parvint à freiner en fixant la politique monétaire par des normes strictes.

L'activité des mines d'or subit un ralentissement de la production jusqu'à la fermeture finale des installations. Les entreprises minières entraînaient des frais de gestion énormes et les nouveaux Etats qui se formèrent après l'éclatement de l'Empire ne pouvaient pas prendre en charge de telles dépenses. Cette décadence intervint durant le haut Moyen Age, à une époque d'autant plus obscure que l'or y était rare.

CHAPITRE III

LE REVE DES ALCHIMISTES

U NE vaste pièce obscure et enfumée, des cornues, des alambics et des chats noirs. Des vibrations mentales, des murmures, des ronflements. Dans le fond, noirci et mystérieux, un four. Sur le mur, un compas, une équerre, un volume géométrique, une carte astrologique. Au centre, courbé sur de vieux papiers, un vieux mage avec ses herbes, ses métaux en poudre, un jeu de tarots et un grimoire de formules secrètes : l'alchimiste est au travail.

L'alchimiste solitaire à la recherche de l'or. Le fou extravagant qui sonde la nature et les étoiles. L'artisan de l'Or Potable et de l'Elixir de longue vie. Un personnage qui coïncide à tel point avec la fable construite à son propos que l'on se met à douter de sa propre existence. *"L'or est un microcosme, un petit univers : avec trois principes et quatre éléments / et une substance céleste / le ciel et des rayons de soleil. / C'est pour cela qu'il est dans le feu / et est la meilleure des médecines / il renferme en lui toutes les étoiles du ciel et toutes les plantes de la terre."* Cette description poétique remonte à 1612. C'est en résumé la signification que l'or avait dans cette science, cette sagesse que l'on désigne sous le nom d'Alchimie. Voici bien l'un des chapitres les plus mystérieux et les plus fascinants de l'histoire du plus noble des métaux.

La terre, l'eau, l'air et le feu

Le terme d'alchimie dérive de l'arabe *al-kîmya,* lequel à son tour vient de *kêmê,* terre noire en vieil égyptien. En effet, les origines de l'alchimie remontent à l'Egypte du IIIe siècle av. J.-C., à l'époque où, dans le temple d'Edfou, les prêtres se livraient à des pratiques magiques, tandis que se transmettait de l'un à l'autre la science de la transmutation des métaux au nom du dieu Thoth. Thoth était le dieu des morts, mais aussi celui du commerce et du changement, le jumeau de Mercure (Hermès).

C'est justement Hermès Trismégiste (Hermès aux trois pouvoirs) qui était considéré comme le fondateur de la science alchimique par les savants du Moyen Age occidental, lorsque, sur les traces de la sagesse égyptienne, ils se consacrèrent à l'alchimie. Mais quel était le but poursuivi par la science alchimique ? Voulait-elle extraire de l'or des vils métaux ? Voulait-elle conférer des pouvoirs magiques, diaboliques peut-être, à de simples mortels ? Voilà ce que l'on peut lire dans le premier texte alchimique, la légendaire *Tabula Smaragdina* (la table d'émeraude), attribuée à Hermès Trismégiste :

"En vérité, certainement et sans aucun doute, le Bas est l'égal du Haut et le Haut est l'égal du Bas, pour produire le miracle d'une chose ; Comme toutes les choses dérivent d'une Unité, ainsi toutes les choses naissent de cette Unité par modification ; Son père est le Soleil, sa mère est la Lune. Le Vent l'a porté dans son ventre et sa nourrice est la Terre."

Si l'on remplace dans cet énoncé le soleil par le feu, la lune par l'eau, le vent par l'air, en conservant bien sûr la terre, on retrouve l'antique théorie des Quatre Eléments, qui fut jadis universellement reconnue par les savants.

L'or, somme et perfection des quatre éléments

Pour l'alchimie, les Quatre Eléments représentent en premier lieu les qualités par lesquelles se manifeste la matière originelle, la Matière Première, inerte, brute, indifférenciée, mais riche de toutes les manifestations à venir, les manifestations à la fois inanimées mais aussi spirituelles de la matière.

Toute substance corporelle est constituée par les Quatre Eléments et c'est la combinaison des qualités respectives ou la prédominance de l'une sur l'autre qui détermine les caractéristiques, les fonctions et les formes des diverses substances terrestres. L'or lui aussi se fonde sur les Quatre Eléments, mais dans l'or, ceux-ci se comportent selon une harmonie parfaite et dans un équilibre absolu : l'or, et seul l'or, peut par conséquent se définir comme une substance parfaite. Lorsque, dans l'*athanor* (le four alchimique), l'alchimiste distillait, sublimait, calcinait les métaux symboliques (le plomb, le fer, le cuivre et le mercure) pour obtenir de l'or, il savait bien que toute l'opération n'allait pas faire apparaître magiquement un lingot d'or, mais il pouvait en revanche parcourir avec son cœur et son esprit le processus de purification et de sublimation qui, dans le règne naturel, produit l'or et, dans le règne humain, produit l'esprit, c'est-à-dire l'''or spirituel''.

Les alchimistes représentaient souvent le monde comme une croix dont les bras symbolisaient les éléments : au centre, au point d'intersection, se trouvait l'or, la résultante et la synthèse de tous les processus, qu'ils soient naturels ou divins. La figuration du monde prenait parfois aussi la forme du Sceau de Salomon, dans lequel deux triangles se superposent en se recoupant : on obtient ainsi une zone centrale qui participe des deux triangles à la fois, offrant la forme d'un cercle et représentant l'or du monde.

L'élixir de longue vie

Plus que l'or métallique, les alchimistes tentaient de produire l'Elixir de longue vie ou la Panacée universelle, c'est-à-dire la substance qui, contenant en elle, purifiés, tous les principes actifs et passifs, nobles et vils, organiques et inorganiques, parviendrait à refermer sur lui-même le cercle de la vie, en brisant le cycle des transformations et en réussissant à vaincre la mort. Ils représentaient l'élixir comme le fruit des Noces chimiques entre le soufre (le feu, c'est-à-dire le soleil) et le mercure (l'eau, c'est-à-dire la lune). Lorsque les deux éléments se rencontraient, l'élément solaire absorbait le lunaire, et l'énergie produite par cette union donnait lieu à l'Elixir de longue vie, encore appelé l'Eau d'Or. Tant il est vrai que la fameuse statue de l'enfant qui fait pipi, à Bruxelles (le Mannekenpis), ne représente nullement un gamin mal élevé, mais l'allégorie de l'Eau d'Or des alchimistes. Tout cela explique également la signification médicale de l'or. Si la nature est fondée sur la Matière Première qui se manifeste à travers la combinaison des Quatre Eléments, et si l'or en est la synthèse, l'or est donc la substance parfaite que l'on trouve aux origines du monde, et vers laquelle le monde veut revenir. Soigner une affection avec de l'or, c'est donc introduire dans la substance imparfaite du corps malade l'élixir de la perfection.

C'est ainsi que, du four de l'alchimiste, outre la Science et la Sagesse, sortaient aussi des potions médicinales : ''teinture d'or du soleil'', ''vitriol d'or'', ''or diaphorétique'', ''huile d'or'' et surtout le très fameux ''or potable'', décrit et préparé selon autant de recettes qu'il existait de maîtres alchimistes.

 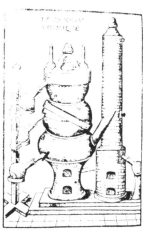

Fours destinés aux opérations alchimiques. Gravures sur bois du XVII⁰ siècle.

Remèdes en or pour l'âme et l'amour

Panacée universelle, l'or potable ''guérit de la lèpre, transporte le corps humain, réchauffe les estomacs froids, donne de la vigueur aux timides''. C'est du moins ce que garantissait Arnauld de Villeneuve au XIII⁰ siècle. Paracelse, trois siècles plus tard, conseille d'en absorber trois fois par jour comme médicament, une fois par jour seulement comme traitement préventif contre toutes sortes de maux : l'érysipèle, la dysenterie, l'épilepsie, la fièvre tierce, l'apoplexie, la goutte et la peste ! Louis XI a bu de l'or potable pour écarter le spectre de la mort. Louis XIV, en 1666, absorba stoïquement une effroyable infusion à base d'or, de sels amers et de vitriol, pour conserver "sa lucidité" et sa vigueur d'esprit...

L'emploi de l'or comme aphrodisiaque est encore répandu aujourd'hui en Orient chez les adeptes de la médecine traditionnelle indienne ayur-védique : il s'agit de pilules contenant des doses infinitésimales d'or ou d'argent. Mélangées à des pierres précieuses en poudre, il semble même qu'elles provoquent un résultat certain dans les rapports amoureux. Le fait a d'ailleurs été confirmé par les médecins occidentaux enclins au scepticisme, qui ont constaté une augmentation indubitable des hormones mâles chez des sujets traités à l'or.

L'or joua un rôle de premier plan dans l'une des thérapies les plus efficaces contre la tuberculose (avant la découverte des antibiotiques). L'Allemand Paul Ehrlich utilisa en effet des sels d'or pour ce traitement, avec de tels succès qu'il remporta le prix Nobel de médecine en 1908.

L'or-lumière, l'or force vitale, combat également l'un des maux les plus fréquents dont souffre l'homme occidental : le spleen, l'ennui de vivre, que les Anciens appelaient la mélancolie, ou l'humeur noire. En homéopathie, on emploie des doses infinitésimales d'oligo-éléments à base d'or, de cuivre, d'argent, pour lutter contre les syndromes de dépression et ranimer le tonus psychique et mental. Une manière de donner raison à Avicenne qui, dès l'an mille, recommandait la limaille d'or contre "les affections du cœur, la tristesse de l'âme et la faiblesse de la vue".

D'étranges fabricants d'or

Des personnages célèbres comme Cagliostro, le comte de Saint-Germain ou Casanova se déclaraient eux-mêmes alchimistes et prétendaient avoir le pouvoir de fabriquer de l'or à partir de vils métaux, de redonner la jeunesse aux vieillards et la beauté enfuie aux dames atteintes par l'âge et ses ravages. Leurs supercheries furent découvertes et leur malhonnêteté jeta de l'ombre sur le renom de l'alchimie.

Au XVIIIᵉ siècle, époque à laquelle vivaient ces aventuriers de haut vol, l'alchimie était déjà dépassée, remplacée par la science expérimentale, davantage préoccupée d'inventions et de découvertes techniques que de l'Unité du monde et de quête philosophique, bref plus soucieuse de choses concrètes que de symboles abstraits.

Une autre contre-vérité à combattre est celle qui consiste à attribuer aux alchimistes les origines de la science et de l'esprit scientifique moderne. C'est le contraire qui est vrai : ce n'est que lorsque l'alchimie perdit de vue son but originel que s'est développé l'esprit scientifique au sens moderne, c'est-à-dire la recherche de quelque chose d'''utile'' pour l'homme, dans sa vie quotidienne et matérielle. Au XVIIIe siècle, l'alchimie n'était rien de plus qu'une légende, un mythe que continuaient à cultiver certaines associations secrètes, les francs-maçons ou les Rose-Croix. Il était en fait facile pour des aventuriers habiles de marmonner quelques formules obscures, d'accomplir deux ou trois gestes théâtraux, de faire brûler du soufre, du plomb ou du mercure, et de racler dans le fond d'une cornue quelque dépôt bizarre d'une couleur incertaine en déclarant que c'était de l'or ! Lorsque les grands de ce monde découvraient la tromperie après y avoir cru, la punition n'était point légère pour les auteurs de la mystification : le comte de Cagliostro en fit l'amère expérience lorsque, après une vie légendaire et une célébrité internationale comme savant occultiste, guérisseur et alchimiste, il fut convaincu d'avoir trempé dans un scandale lié à un vol royal et finit sa vie en prison.

CHAPITRE IV

SUR LA ROUTE DE L'OR :
L'EUROPE DECOUVRE L'AMERIQUE

ENTRE le XVᵉ et le XVIᵉ siècle, l'Europe donne l'impression d'avoir été mordue par la tarentule du gain, entreprise non plus considérée comme honteuse ou comme le fruit d'une injustice, mais comme le signe concret de la bienveillance divine et de la récompense due aux audacieux. C'est en fait l'apparition de la morale capitaliste, qui substitue à une économie de simple subsistance liée aux réserves de la nature une économie de surplus et de stocks liée à la culture. Ce n'est pas un hasard si cette mutation se produisit à cette époque de grands bouleversements culturels, politiques et artistiques que l'on connaît sous le nom de Renaissance. Du reste, le goût des richesses répondait à des exigences concrètes : l'argent servait à payer des armées, à entretenir le luxe des cours princières, à maintenir les circuits commerciaux qui désormais se développaient sur le continent entier et même au-delà, jusqu'à l'Asie, mystérieuse et lointaine, certes, mais néanmoins présente grâce à des produits dès lors indispensables pour tout Européen bien né : épices, étoffes précieuses, bijoux, bois précieux, essences, etc. Aller en Asie était une entreprise longue, périlleuse et frustrante : pratiquement tout le commerce devait passer par les mains des Musulmans, doués pour le commerce, qui autorisaient les échanges contre des droits de péage prohibitifs.

Sur les traces de Marco Polo

"Dans l'océan d'Orient, à environ quinze lieues du continent se trouve Cipango, l'île de perle et d'or". (Marco Polo, *le Livre des Merveilles du monde*). Voilà ce qu'avait déclaré le fameux voyageur. Et du XVᵉ siè-

cle au XVIᵉ siècle, ces récits jugés pures fantaisies ou vantardises de fanfaron trouvèrent de plus en plus de crédit, d'autant plus qu'ils répondaient aux désirs et aux besoins de l'époque.

Un Gênois qui parcourait les cours d'Europe en offrant ses services de marin fut particulièrement impressionné par ces récits : Christophe Colomb. Son rêve ? Trouver la route des Indes, la route de l'or et des épices, sans acquitter les droits de péage aux Musulmans et sans devoir passer par les terres. A son époque, nombreux étaient ceux qui avaient admis l'idée selon laquelle la terre était ronde. Entre autres, les Rois Catholiques, Isabelle et Ferdinand, qui régnaient depuis peu sur le royaume d'Espagne et avaient un besoin urgent de remplir les caisses de l'Etat, après les années de guerre qu'avait coûté la Reconquête contre les Maures.

Illustration du Livre des Merveilles de Marco Polo, dans l'édition de 1611

Après avoir fait une tentative avec les Portugais, plus prudents et davantage intéressés par l'Afrique (ils entretenaient déjà des rapports avec le Soudan, grand producteur d'or, et disposaient de navigateurs très habiles), Colomb proposa aux souverains espagnols de tenter de trouver la route par la mer : trouver l'Orient en partant vers l'ouest. Le reste, on le connaît : on lui confia trois caravelles, il se lança dans un voyage long et difficile, parfois effrayant, pour arriver finalement en vue des côtes des Bahamas, aborder à Haïti et à Cuba, dont il prit solennellement possession au nom de la Vraie Croix. On sait que pendant toute sa vie Christophe Colomb s'obstina à croire que la terre où il avait débarqué était l'Asie, et jamais il ne parvint à se persuader que tout était à ce point différent, à commencer par les habitants deminus et visiblement primitifs, de plus tragiquement dépourvus d'or et de mines... Il entreprit quatre voyages, naviguant toujours dans la région des Antilles et accumulant de plus en plus d'amertume. Au retour du troisième voyage il fut fait prisonnier et mis aux fers, pour ses médiocres talents de vice-roi, n'ayant trouvé que des perroquets, des plumes et des Indiens... Leurs

Départ vers l'inconnu. Gravure sur bois de la Cosmographie Universelle, Paris, 1575.

[34]

Majestés catholiques étaient très mécontentes de Christophe Colomb. Elles le laissèrent végéter et mourir seul, sans un sou et sans honneurs. C'est ainsi que la Couronne espagnole établit dans les îles des Caraïbes les premières colonies d'outre-mer de son histoire.

Les Conquistadores : un empire pour l'Espagne

Vers ces colonies lointaines affluaient tous ceux qui, en Espagne, n'avaient aucun avenir : les nobles sans le sou, les fils cadets, les aventuriers prêts à tout, attirés avant tout par les avantages d'une justice moins présente... Parmi les immigrants partis aux Antilles se trouvait Hernan Cortés, fils illégitime d'un noble qui l'avait expédié loin de lui pour qu'il ne lui fasse point d'ombre. En Haïti, ce jeune homme de 19 ans s'était vu proposer une terre fertile et des esclaves indiens pour la cultiver, mais était venu *aux Indes* ''non pas pour faire le paysan, mais pour trouver de l'or''. C'est ainsi que, lorsque fut mise sur pied entre 1517 et 1518 une expédition pour explorer le Yucatan, l'orgueilleux hidalgo y participa avec deux caravelles qu'il possédait en propre et dont il avait payé lui-même tout l'équipement. L'expédition du Yucatan se révéla décevante : on n'y trouva que peu de chose et les quelques bijoux et objets de culte provenaient de bien plus loin, du Mexique.
C'est ce que disaient les Mayas, le peuple le plus civilisé et le plus avancé qui habitait sur les lieux... Et bien, va pour le Mexique ! Mais Cortés fut le seul à miser le tout pour le tout. Du Yucatan, il partit à l'improviste, sans avertir les commandants des autres navires de la flotte.

Le retour du Serpent à plumes

Le Mexique du XVIᶜ siècle était un empire gouverné par la tribu aztèque la plus belliqueuse et la plus ''impérialiste'' de toutes. Les Aztèques avaient créé une organisation étatique rigide, un système de communications parfaitement au point, une culture scientifique et artistique de très haut niveau, ils avaient fondé une magnifique capitale insulaire, Tenochtitlan (aujourd'hui Ciudad Mexico),le tout gouverné par un empereur qui, en 1518, se nommait Montezuma (ou Moctezuma), le fils du Soleil. Le panthéon aztèque était vaste et varié, et ses dieux réclamaient à intervalles réguliers de sanglants sacrifices humains, fondement essentiel du culte aztèque qui, à l'époque de Cortés, se succédaient à un rythme si frénétique que le peuple pressentait une catastrophe imminente. Autre sentiment vécu par les Aztèques : l'attente messianique d'un dieu blanc. Ce dieu qui, selon la légende, avait fondé le peuple aztèque, puis l'avait abandonné en promettant de revenir ; c'était Quetzalcoatl, le grand Serpent à plumes.

Et un jour, Quetzalcoatl fut de retour. De l'horizon on vit arriver de grandes maisons qui flottaient sur la mer, des hommes vêtus de fer en descendirent, accompagnés d'animaux monstrueux : des chevaux et des bouledogues. Montezuma tomba aux pieds de Cortés, lequel n'en revenait pas. Ce dernier, tout comme ses compagnons, était ébloui par la splendeur de la ville où ils entrèrent, par les mœurs raffinées de ses habitants, par la valeur des œuvres d'art et des bijoux dont faisaient étalage les nobles, les dames et l'empereur. Au début, tout se passa assez bien : hommages, cadeaux de bienvenue, conversations... Puis Montezuma se rendit compte que ces étrangers non seulement n'étaient pas des dieux, mais en outre se montraient cruels, avides et sans respect pour les croyances et les rites de son peuple. Ce fut le premier mouvement de résistance, rapidement réglé par l'emploi des armes à feu. En très peu de temps, l'empire aztèque se désagrégea et Montezuma, vaincu par ruse, fut assassiné. Ainsi mourut le Soleil du peuple aztèque, ainsi mourut l'espoir de toute vie future pour les Indiens du Mexique, et ainsi naquirent la richesse fabuleuse d'un homme et son règne.

L'empire du Soleil

La fortune de Cortés déclinait, tandis qu'un nouvel astre montait au firmament de la Conquête : Francisco Pizarro, un aventurier aussi brutal qu'audacieux, parti de Panama en 1528 pour explorer le continent qui s'étendait sur des milles et des milles, le long de la cordillère des Andes, juste au sud du pays des Aztèques. Il revint de son premier voyage avec trois Indiens, trois lamas et quelques bijoux d'une facture raffinée. De Panama il retourna en Espagne pour rendre compte à Charles

Quetzalcoatl, d'après un dessin relevé sur un bas-relief Maya.

Quint des possibilités extraordinaires qu'offrait ce nouveau pays à conquérir. A peine avait-il touché terre qu'il fut jeté en prison pour dettes, ces mêmes dettes qui lui avaient fait prendre le chemin du Nouveau Monde quelques années plus tôt. Dix jours plus tard il fut libéré sur ordre de l'empereur qui rêvait d'un nouveau Mexique et qui, convaincu par les affirmations de Pizarro, lui confia une nouvelle expédition. A nouveau Panama, à nouveau la navigation difficile le long des côtes du Pérou. Avec des vents si défavorables qu'il fut impossible de continuer, et Pizarro décida de partir à pied, empruntant les routes construites par les Incas. C'est ainsi que les guerriers postés en vigie par le roi inca Atahualpa virent, un beau jour de l'an 1532, avancer vers eux un groupe étrange de ''monstres barbus'' chevauchant des créatures inouïes. Les Espagnols étaient au nombre de 177, dont 60 cavaliers. Cela suffit pour vaincre sans merci une armée de 300 000 guerriers.

Une rançon inimaginable

A la différence des Aztèques, les Incas entretenaient un véritable culte de l'or et de l'argent. Leur religion, la plus ''solaire'' de tout le continent, voyait dans l'or le symbole du dieu Soleil, créateur et protecteur de l'immense empire gouverné par l'Inca, le fils du Soleil. Ils revêtaient d'or les murs des temples, le roi et les nobles portaient un pectoral et des ornements en or, les objets du culte ou de la table du roi étaient en or, les momies étaient plaquées d'or. Comme dans un cauchemar, tout cet or se transforma en un fleuve de sang. Qui aurait pu retenir Pizarro et ses hommes à la vue de tant de richesses, qui aurait pu défendre Atahualpa lorsqu'il montra son jardin orné d'arbres en or massif ? L'Inca fut fait prisonnier et une rançon inimaginable fut

L'assassinat de Atahualpa, sur une gravure de 1595.

exigée : assez d'or pour remplir une pièce du palais jusqu'à hauteur des mains levées de Atahualpa ! Pendant une année entière, de toutes les provinces de l'empire, le peuple inca accumula de l'or, des bijoux, des objets sacrés pour remplir la pièce et libérer le souverain. Mais lorsque la mesure fut atteinte, Atahualpa fut étranglé, la ville de Cuzco rasée et l'or fut réparti entre les conquistadores et leur souverain. Pizarro établit ses quartiers dans les lieux sacrés du culte du dieu Soleil, et sur le Pérou tomba la longue nuit de la Conquête.

Pizarro voulait encore agrandir ses propres possessions et celles de la Couronne. Il envoya une expédition au Chili, dont Pedro de Valdivia prit le commandement, puis une autre dans la région située à l'est de Quito, sous le commandement de son demi-frère Gonzalo.

L'enfer vert de l'Eldorado

Diego de Almagro était déjà allé au Chili et en était revenu avec une troupe décimée et tous ses espoirs déçus : il n'y avait pas d'or, les Indiens étaient belliqueux et le climat épouvantable. Pour Valdivia, les choses ne se passèrent pas mieux. Gonzalo Pizarro, lui, se mit en route à la tête de 350 *hommes* et de 4 000 *Indiens,* avec d'importants stocks de vivres, de munitions et de viande. Ils parcoururent des régions complètement désertes et inhabitées, étant sûrs que, de l'autre côté des montagnes, ils découvriraient le pays de l'or...

Mais la forêt vierge se fit de plus en plus dense et obscure. Bientôt, l'obstacle fut tel qu'il fallut emprunter le Grand Fleuve. Ils tuèrent les chevaux et, avec leurs fers, fabriquèrent de gros clous pour assembler des troncs d'arbre. C'est sur ce radeau improvisé que s'embarqua Francisco de Orellana avec une cinquantaine d'hommes ; Gonzalo Pizarro et le reste de la troupe l'attendant dans un campement au bord du fleuve.

Ils attendraient en vain. Orellana comprit rapidement que le radeau ne parviendrait jamais à remonter le courant du fleuve et que personne n'aurait pu continuer à pied. Il décida alors de trouver coûte que coûte Curicuri, la ville où tout était en or, où les plus grandes richesses jamais vues se trouvaient cachées au fond d'un lac...

C'est ce que lui avaient raconté les Indiens Culinos. Ceux-ci lui parlèrent aussi d'Eldorado, l'homme en or qui s'était dissous dans le fleuve et l'avait ainsi alimenté de poudre d'or.

Au terme de 200 jours de navigation, Orellana et quelques rares survivants atteignirent l'embouchure du fleuve et réussirent à regagner les Antilles, puis l'Espagne. Fou ou inconscient ? Toujours est-il qu'Orellana réussit à convaincre le Souverain qu'il y avait bien de l'or dans l'enfer vert de l'Amazonie et que lui savait où il se trouvait ! Orellana revint donc vers le Grand Fleuve, y établit une base pour son équipage avant de disparaître dans la jungle. Ses compagnons l'attendirent pendant neuf mois, puis repartirent en Espagne. D'Orellana, personne n'entendit plus parler.

L'or sourit aux Portugais

Le 24 avril 1500, le Portugais Amilcar Cabral découvrit une terre nouvelle sur le continent américain : le Brésil. Cette terre semblait immense et était habitée par quelques rares Indios à demi-sauvages. Il en prit possession au nom de son souverain. En 1549, à Bahia, existait un vice-roi du Portugal. Mais d'or, pas un gramme.

Il fallut un bon siècle et demi pour que la persévérance des Portugais soit enfin récompensée. A la fin du XVIIe siècle, de riches filons furent découverts dans la région de Minas Gerais et la ruée vers l'or commença. De toute l'Europe, des aventuriers, de pauvres bougres et des rêveurs prirent la route du Brésil. Au début du XVIIIe siècle, ils étaient déjà au nombre de 30 000. C'était trop. Un peu plus tard,une bonne partie d'entre eux partirent vers l'ouest, vers Goias et le Mato Grosso, aux bords de l'enfer vert. En quelques années, le Brésil devint le premier producteur d'or (et d'émeraudes), attirant sur lui les visées cupides des autres nations d'Europe. Un corps d'expédition français tenta d'envahir les zones minières, mais sans succès.

Le Portugal avait perdu ses possessions en Asie au profit des Hollandais, mais il avait conquis l'Afrique (la Guinée) et maintenant le Brésil, un empire fabuleux pour une nation plutôt démunie. L'or brésilien fut comme un gigantesque aimant pour une marée d'immigrants : en l'espace de 100 ans, la population passa de 300 000 habitants à 3 millions et fit du Brésil la région potentiellement la plus riche et la plus puissante de toute l'Amérique latine.

L'Espagne fait banqueroute

L'afflux de métal précieux du Nouveau Monde avait inondé l'Europe. Depuis l'Espagne, des fleuves de monnaies d'or et d'argent alimentaient les marchés et les places bancaires comme Anvers et Amsterdam. La prospérité semblait établie pour toujours. Et pourtant... En 1557, l'Espagne se déclara en banqueroute, suivie par la France. La Bourse d'Anvers commençait à enregistrer de graves revers, les prêts n'étaient plus honorés, les compagnies commerciales et les armateurs s'écroulaient. Les Fugger, richissimes banquiers d'Augsbourg, étaient ruinés. Que s'était-il passé ?

Un fait très simple à expliquer aujourd'hui, mais incompréhensible pour les Européens d'alors : trop d'or sur le marché, une incapacité quasi absolue de production de la part du pays qui détenait l'or, l'Espagne. La chute du prix de l'or sur les marchés provoqua une brusque hausse des prix des matières premières et des produits manufacturés. Des catégories entières d'artisans, de commerçants et de détaillants furent réduites à la misère. D'un autre côté, les pays qui recevaient de l'or à flots des Amériques, l'Espagne, puis le Portugal, n'investissaient pas leurs richesses dans le pays, mais les utilisaient pour acheter, à des prix de plus en plus élevés, tout ce dont ils avaient besoin : des armes surtout, pour les guerres continuelles qu'ils entreprenaient en Europe, des navires, des épices, du blé, de l'équipement militaire pour les troupes et les administrations établies dans chacune de leurs possessions à travers l'Europe.

Un fleuve de monnaie en or et en argent, et rien en échange. A la longue, les garanties accordées par les grands banquiers, par les compagnies d'assurances ou par les Bourses européennes ne purent résister. Et c'est ainsi que l'Espagne, qui dépensait tout et ne produisait rien, fit faillite, suivie par la France, liée aux mêmes banquiers, aux mêmes ''usuriers'' dont s'étaient servis les Espagnols.

Conséquence ? Une pénurie alarmante dans toute l'Europe et un triplement des prix en l'espace d'un siècle. Rien de vraiment très grave pour nous, aujourd'hui. Mais une véritable catastrophe pour une économie soumise à des rythmes très lents et dans laquelle l'or avait toujours conservé une valeur d'échange absolue.

Après 1650, l'importation de l'or des Amériques connut un effondrement pratiquement définitif. Le grand rêve de l'Eldorado avait duré un peu plus de cent ans.

CHAPITRE V

LA FIEVRE DE L'OR

"**L**ES derniers sondages portent à croire que les gisements sont plus riches que prévu.'' C'est ce que l'on pouvait lire dans un message envoyé par le président des Etats-Unis, James K. Polk, au Sénat américain, daté du 5 décembre 1848, évoquant la situation qui déclencha le fameux *Gold Rush,* une folie dont le pays entier fut touché. Tout avait commencé quelques mois plus tôt, près du fleuve Sacramento. Un ouvrier de la scierie Sutter, un certain James W. Marshall, découvrit la première pépite qui scintillait au bord du fleuve. Il la ramassa. La rumeur se propagea. On entreprit des recherches et l'on découvrit des quantités de pépites. On se mit à passer au tamis des tonnes de sable aurifère. Ainsi commença la ruée vers l'or.

Le rêve californien

Ainsi naquit aussi l'Etat de Californie : les 1500 habitants de race blanche disséminés sur cet immense territoire devinrent 100 000 en l'espace de 18 mois. De toutes les régions des Etats-Unis, et de la lointaine Europe, une foule gigantesque de chercheurs d'or envahit les abords du Sacramento. Ils se mirent à passer au crible fleuves, torrents et ruisseaux, à creuser les montagnes. Ils fondèrent des villes sous le règne de la violence, les abandonnant dès que le filon était épuisé.

Aujourd'hui encore, les villes-fantômes des chercheurs d'or, silencieuses à jamais et sinistres, jalonnent les routes intérieures de la Californie, inspirant des légendes et nourrissant l'inconscient collectif d'une grande nation qui voit dans la ruée vers l'or l'un des grands moments du mythe du Far West.

Heinrich Lienhard, l'administrateur du ''général'' Sut-

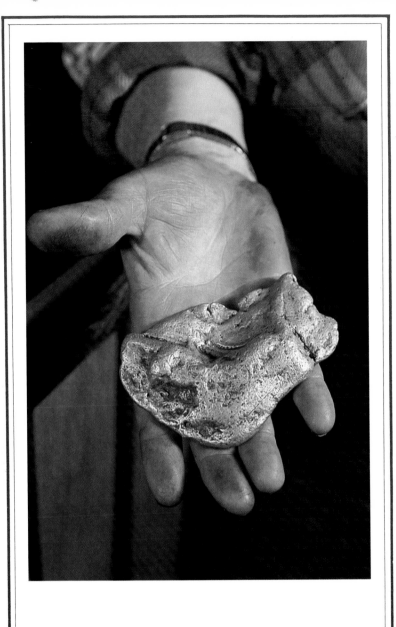

Pépite d'or natif, Yukon, Canada (cl. Lefèvre, Top).

ter, évoque ainsi sa rencontre avec la horde sauvage des chercheurs d'or : ''Ils étaient armés jusqu'aux dents, c'était la lie de l'humanité. Je les entendis prétendre en plaisantant qu'ils auraient volontiers essayé leurs fusils sur les hommes bruns et nus (les Indiens)...''

La lie de l'humanité

Elle ne comptait pas cependant que des rebuts, cette prétendue lie. Un rapport de l'époque nous informe que ''parmi les chercheurs d'or se trouvaient aussi des hommes provenant de classes cultivées. Je suis passé souvent devant des groupes d'individus à l'aspect patibulaire et à ma grande surprise, je les ai entendus discuter de Shakespeare, de Dante, d'Homère ou de Virgile, d'économie et de religion.''
Rapidement, les filons s'épuisèrent ou, du moins, c'est l'impression qu'ils donnèrent. En réalité, les chercheurs

Un chercheur d'or, sur une caricature de l'époque de la ruée vers l'or.

d'or n'avaient aucune expérience, souvent ils n'avaient jamais vu une mine et ils n'étaient pas en mesure de mener à bien leurs fouilles. Ils ignoraient tout de la géologie et se contentaient de "gratter" en surface.

Seuls les entrepreneurs sérieux qui possédaient un capital initial avaient quelque chance de se lancer dans une affaire qui se révélait pénible et coûteuse. Aux premiers aventuriers succédèrent par conséquent des techniciens et des mineurs qualifiés, payés par les *corporations.* En quelques semaines, des villes entières surgirent en plein désert et les cabanes de planches des chercheurs d'or furent remplacées par des bazars, des hôtels, des salles de jeux et des bordels, mais aussi des églises, des bureaux de postes et des commissariats de police.

Le cheval d'acier

La ruée vers l'or contribua d'une manière décisive au développement des communications entre les deux côtes. L'afflux constant de voyageurs garantissait une clientèle pour les compagnies de transport et justifiait la création ou l'amélioration des lignes de bateaux et de diligences. Mais le grand protagoniste de cette période fut le train. Depuis déjà un moment des projets existaient pour relier les deux côtes, mais le coût de l'entreprise paraissait prohibitif au vu de la faible densité de population des états de l'intérieur. La découverte de l'or à l'ouest, la nécessité de relier entre elles des villes nées du néant, la certitude de faire des bénéfices : il n'en fallait pas plus pour emporter la décision. La construction de la ligne de chemin de fer fut confiée à deux compagnies qui devaient se rencontrer à mi-chemin. La compagnie de l'Est, qui employait de la main-d'œuvre chinoise, avança plus vite que celle de l'Ouest. Le défi entre les deux compagnies se transforma en une compétition implacable, où l'on n'hésitait pas à recourir à la violence et au sabotage. Lorsque les deux tronçons se rencontrèrent, dans le désert de l'Utah, ce ne fut pas l'union souhaitée. Au contraire ! Chacune des deux lignes poursuivit dans sa direction, parallèlement à l'autre.

Il fallut l'intervention du Président pour mettre fin à cette situation absurde et la liaison fut enfin établie aux environs du Grand Lac Salé. Le dernier clou fut enfoncé le 9 juillet 1864 : c'était un clou en or. En mai 1869, dans tous les Etats de l'Union, des affiches annoncèrent l'inauguration du chemin de fer de l'Union Pacific, de Omaha (Nebraska) à San Francisco, la ville de l'or. Pour la première fois de son histoire, on pouvait traverser le pays d'une côte à l'autre. Pour la première fois, les Américains se rendaient compte de l'immensité de leur pays, les Etats-Unis d'Amérique.

Le "général" Sutter, à l'àge de 40 ans

Le "général" Sutter, première victime de l'or

Johann August Sutter (1803-1880) est le Suisse le plus célèbre des Etats-Unis. Son renom n'est pas tant dû à des entreprises légendaires qu'au mythe de sa lutte contre l'injustice et l'avidité des puissants... Grand propriétaire terrien ruiné par la ruée vers l'or et traité injustement par l'Etat, il devint le symbole de l'individualisme si cher aux Américains. Sutter abandonna son village aux environs de Berne en 1834 : il laissait un commerce en faillite, une femme, des enfants et une montagne de dettes. Plus encore que le besoin, c'était la soif de l'aventure qui le poussait, tant il est vrai que, à peine débarqué, il se précipita au Missouri. Il en repartit en 1838, après une nouvelle faillite, et prit le chemin de la Californie. La Californie faisait encore partie de la Couronne espagnole et conservait son caractère primitif de colonie : peu de Blancs, des Indiens réduits en esclavage, une vie économique au ralenti. Notre Suisse voulut frapper un grand coup. Pour commencer, il se para d'un titre militaire : d'abord capitaine, puis général ! Sur les rives du Sacramento - avec de l'argent emprunté -, il fonda une usine, La Nouvelle Helvétie, destinée à devenir le tremplin d'un véritable empire. Entre temps, ses dettes augmentaient et dans toute la Californie, on ne trouvait pas une seule banque qui n'ait en caisse au moins une traite signée Sutter.

En 1846, après une guerre assez courte, la Californie fut annexée aux Etats-Unis et Sutter, en bon rapport avec les nouveaux gouvernants, réussit à implanter une scierie hydraulique qui exploitait les eaux du Sacramento.

Le 28 janvier 1848, ce fut la découverte de la fatidique première pépite. Du coup, la Nouvelle Helvétie se trouva submergée par des milliers de chercheurs d'or. La vie de Sutter en fut révolutionnée. Au début, il y trouva son avantage, achetant à bas prix des terres abandonnées par les paysans qui se transformaient en orpailleurs. Mais ce fut justement-là le commencement de sa ruine.

La guerre contre les squatters

Le général Sutter, qui possédait désormais plus de 5 000 kilomètres carrés de terre, entra en conflit avec les *squatters,* les nouveaux émigrants, qui avaient bien l'intention d'occuper le territoire de la Californie comme s'il était libre. En 1851, une loi sur la propriété des sols donna raison aux *squatters.* Sutter fut exproprié et condamné à une lourde amende pour ''trafic de terres ne lui appartenant pas''. Dès lors, le pauvre général n'eut plus qu'un seul but dans la vie : faire ravaler à la Cour l'inique sentence dont il était la victime, être réintégré dans ses droits et dans sa dignité. Peine perdue. Même si, en 1864, l'Etat de Californie lui accorda une pension pour restitution partielle des biens confisqués. Il s'installa à Washington et pendant presque vingt ans, chaque jour, il monta les marches de la Cour de Justice pour prendre la parole et défendre sa cause, jusqu'à ce que la mort le frappe, à l'âge vénérable de 77 ans.

L'ironie de l'histoire a voulu que l'on retienne le nom de Sutter comme celui d'un des protagonistes de la ruée vers l'or alors que personne ne sait qu'il fut un des pionniers de la culture des fruits en Californie, entreprise pour laquelle il dépensa bien plus d'enthousiasme et de talent que tout ce qu'il fit à propos de l'or...

L'or du Klondike

''Quand j'étais mineur au Klondike...''. C'est dans le Klondike qu'Oncle Picsou avait découvert sa première pépite, avec laquelle il avait fabriqué son précieux Numéro Un, une pièce d'or qui était le fondement et la garantie de sa fortune.

C'est aussi sur le Klondike que vint échouer Charlot, et pour une fois, son aventure se terminera bien. C'est sur les rives du Klondike et dans le froid inhumain de l'Alaska, dans des conditions climatiques, sociales et psychologiques à la limite du tolérable, que se déroula le dernier acte de la grande épopée des chercheurs d'or. En août 1869, George Washington Carmack avait trouvé de l'or dans les eaux du Rabbit Creek, un petit affluent du Klondike, et en une seule pelletée, il avait ramassé au moins 10 dollars en or. Comme toujours, le bruit se répandit rapidement et la ruée habituelle se produisit. En quelques années, on vit affluer dans la région jusqu'alors déserte 80 000 aventuriers qui se répartirent dans les différentes zones du Yukon supérieur et creusèrent sur plus de 3 000 kilomètres carrés.

Parmi les nouveaux venus, un jeune homme, beau comme un dieu, poussé par la soif de l'aventure et la curiosité : Jack London, alors âgé de 22 ans. Il était arrivé en Alaska en juin 1897. Après une marche exté-

nuante, il parvenait là où l'on exploitait l'or, en plein automne, avec des températures pratiquement insupportables. Il en repartit au mois de juin de l'année suivante, avec moins d'un penny en poche, les stigmates du scorbut et dans le cœur l'amertume de la désillusion. Mais de son expérience parmi les chercheurs d'or, de son rapport avec ces terres désolées, London tira ses plus beaux romans. L'aventure du Klondike fut encore plus brève que celle de la Californie. Le climat rendait l'extraction du métal encore plus difficile pour les chercheurs d'or isolés, privés d'équipement adapté, sans parler des maladies qui les décimaient. Seules de véritables compagnies minières pouvaient creuser à la profondeur suffisante dans ces terrains gelés, construire des galeries sûres, garantir un certain rendement. En 1901, c'est le grand capital qui prit la direction des opérations, en implantant des villages, en employant des techniciens, en payant des mineurs spécialisés et en achetant tous les gisements de l'Alaska. Ainsi finissait l'épopée du chercheur d'or. Ainsi commençait l'ère de l'exploitation industrielle.

Une nouvelle ruée vers l'or ?

Une nouvelle sensationnelle est en train de se répandre dans le continent nord-américain : au Canada, à Emlo, dans l'Ontario supérieur, et dans le Nevada, à Eureka (on ne peut trouver meilleurs auspices), on a trouvé de l'or, une montagne d'or. La nouvelle est officielle. Déjà les grandes *corporations* sont en train de creuser et de passer au crible les eaux aurifères. Déjà dans les yeux des nostalgiques inguérissables brille la fièvre de l'or. Mais aujourd'hui les choses ne sont plus les mêmes qu'à l'époque de la Californie et du Klondike. Tout est sous le contrôle du gouvernement et personne n'a le droit de s'installer, avec son pic, son tamis et sa pelle. Il faut des permis, il faut payer des droits énormes et il faut faire la preuve que l'on peut vivre en autarcie pendant une longue période... Très sagement, le ministre des Ressources naturelles de l'Ontario a déclaré : ''Je déconseille aux têtes brûlées de vendre tous leurs biens pour venir ici. Il vaut mieux qu'ils calment leur fièvre de l'or en jouant en bourse avec les actions des mines et des compagnies...''.

[49]

CHAPITRE VI

UN METAL... DE VALEUR

I L s'agit d'un métal vraiment exceptionnel. D'une part, il est très rare : par rapport à une production annuelle mondiale d'environ 3,5 millions de tonnes de minerai de plomb, 8 millions de tonnes de cuivre et 500 millions au moins de tonnes de fer, la production de l'or parvient seulement à 1 000 tonnes. D'autre part, il se distingue par sa ductilité et sa malléabilité : 10 g d'or par exemple peuvent être transformés en une feuille translucide et d'une extrême finesse de 3,5 mètres carrés ou bien en un fil semblable à celui d'une toile d'araignée, de 35 kilomètres de long. L'or, dont le symbole chimique est AU (du latin *aurum*), possède un poids spécifique de 19,3/19,6 et fond à 1063°C.

A l'état naturel, comme on l'a vu, l'or peut se rencontrer comme composant de roches diverses ou sous la forme de sables et de pépites dans le lit des fleuves et dans des zones de graviers. L'extraction s'effectue aujourd'hui selon des techniques sophistiquées. Précisons par exemple que, pour obtenir 10 g d'or, il faut extraire des entrailles de la terre une tonne et demie de matière rocheuse, laquelle est ensuite réduite en poussière et mélangée avec de l'eau. C'est à partir de cette boue que l'on obtient l'or brut, à travers une longue série de processus chimiques (cyanuration). L'or brut est alors soumis à des fusions ultérieures et à des processus électro-chimiques, jusqu'à ce qu'il parvienne au degré de pureté de 999,9 pour mille, considéré comme indispensable pour les applications industrielles.

L'unité de mesure de l'or est l'once troy, qui équivaut à 31,1035 g et qui correspond à la douzième partie de la livre troy (373,242 g). Il faut 402 onces troy (12,503 kilos) pour obtenir le lingot d'or pur que la

Rand Refinery, le plus gros centre de transformation d'or du monde, vend au gouvernement sud-africain. C'est ce dernier qui propose ensuite le métal sur les marchés étrangers qui en fixeront le prix.

Les marchés de l'or

Londres, Zurich, Hong-Kong et les marchés à terme américains comptent parmi les premiers responsables de la cotation, dont dépendront ensuite les transformations dans la monnaie nationale de chaque Etat. La colonisation de l'Afrique du Sud par les Britanniques a fait de Londres le lieu privilégié de la définition du prix de l'or. Jusqu'en 1919, c'était la banque N.M. Rothschild qui exécutait les négociations pour le compte de la Banque d'Angleterre. Par la suite se constitua le *London Bullion Brokers,* une association de cinq banques dont les représentants définissent le prix du métal, à 10 h et à 15 h chaque jour. Pendant la Seconde Guerre mondiale, le marché de Londres fut contraint de fermer et ne put rouvrir qu'en 1954. Ce fut alors que les banques suisses se mirent à jouer un rôle important sur le marché de l'or. Aujourd'hui, Zurich est la capitale de l'or "physique", tandis que Londres est celle de l'or financier. C'est par Zurich que l'or soviétique parvient sur le marché international : les chiffres qui concernent sa production et ses mouvements sont top secret, mais on estime que cet or occupe le deuxième rang de la production mondiale. Les marchés à terme américains sont de plus récente constitution : une quantité déterminée d'or y est négociée, avec une échéance à venir pour un prix invariable jusqu'au terme du contrat. Ce mécanisme permet aux consommateurs d'or, c'est-à-dire les sociétés qui produisent des objets en or, de se mettre à l'abri des risques d'une éventuelle fluctuation du prix de l'or.

Des hauts et des bas

C'est parce que l'or subit des variations de cotation perpétuelles qu'il est impossible de donner la toute dernière cote. Il est bon de savoir que l'année 1980 a connu un vrai boom : 850 dollars l'once ! La cote est ensuite redescendue aux environs de 400 dollars. Mais il n'en a pas toujours été ainsi : plusieurs études sur le pouvoir

Le batteur de monnaie. Gravure de 1698.

d'achat de l'or rapportent qu'il n'a pratiquement pas changé entre le XIVe siècle et la fin des années 1930. Les écarts que l'on a enregistrés ces dernières années sont également dus à l'abandon du rapport entre la monnaie en circulation et les réserves d'or.

C'est à partir de 1971 que Nixon a lancé un défi à l'or avec le dollar, mais malgré tout, l'or représente encore aujourd'hui environ 60 % des réserves de valeurs des banques d'Etat et donc, à long terme, l'or est destiné à résister remarquablement bien à son concurrent direct, le dollar américain.

Poinçons et garantie

L'importation et les achats d'or sont réglementés par l'Etat, et un particulier ne peut acheter de l'or brut à de simples fins de thésaurisation. Habilités à acheter de l'or et des métaux précieux, orfèvres et bijoutiers sont par contre soumis à la règle du poinçon.

En France, les poinçons sont en effet obligatoires. La création de ces poinçons est très ancienne puisqu'elle remonte à 1260. Jusqu'en 1789, ils sont au nombre de quatre sur chaque pièce : le poinçon de maître correspond à la signature de l'orfèvre, le poinçon de charge est la prise en charge par le fermier général, le poinçon de jurande garantit le titre et le poinçon de décharge atteste du paiement de l'impôt. C'est une loi du 19 brumaire an VI (9 nov. 1797) qui a créé la forme actuelle du poinçon de maître : un losange qui contient son emblème, ses initiales ou son nom. A partir de 1797, les poinçons de garantie ont compris trois périodes : jusqu'en 1809, ce furent les poinçons dits "au premier coq", de 1809 à 1819, les poinçons dits "au deuxième coq" et de 1819 à 1838, les poinçons "à la tête de vieillard". En 1838 furent institués les poinçons de garantie "à la tête de Minerve", qui sont toujours en vigueur aujourd'hui. Le rôle du Service de la Garantie, en France, consiste à vérifier le bon aloi du titre des ouvrages et objets en or, en argent ou en platine. Il perçoit un droit proportionnel au poids des ouvrages présentés, en "insculpant" alors sur les pièces les poinçons de garantie, les anciens "poinçons de jurande".

Investissement ?

Il ne faut pas oublier que le prix d'un bijou comprend le coût de la fabrication, la signature du créateur et la T.V.A. Mais cette valeur intrinsèque de l'objet n'entre pas en ligne de compte lorsqu'il s'agit de le revendre : sauf dans le cas d'une pièce ancienne ou de collection, la valeur du bijou se réduit à la seule quantité d'or qu'il contient.

L'or, par conséquent, ne se prête pas à la spéculation, si ce n'est celle qui correspond à un bien refuge. On achète un bijou parce qu'il plaît, parce qu'on aime le porter, et non pour faire un investissement.

Et les fameux lingots, ces symboles de l'or "pouvoir économique", de l'or-finance, mythiques et éternels, compacts et solides comme des briques ? Ils ont pris la place, dans l'imaginaire de ceux qui rêvent de richesse, des coffres bourrés de bijoux et de pièces d'or qui peuplaient les légendes et les romans d'aventure. Ils restent du domaine du rêve ; parce que les personnes privées ne peuvent pas en acheter. A part les petits lingots d'or miniature que l'on trouve chez les bijoutiers, et qui ne sont que des pièces d'orfèvrerie, les vrais lingots restent enfermés dans les coffres-forts des banques.

Monnaie sonnante

Les pièces de monnaie en or sont encore le meilleur investissement pour une personne privée. En effet, leur valeur n'est pas liée seulement à la cotation du métal, mais elle suit également d'autres schémas qui dépendent de la valeur numismatique de la monnaie.

Il existe plusieurs types de monnaie : les monnaies *numismatiques,* les monnaies *semi-numismatiques* et les monnaies *commerciales.* Les premières, émises officiellement par les différents Etats au cours des siècles passés, sont les plus précieuses et leur valeur est proportionnelle à leur rareté et à leur état de conservation. Si la monnaie est parfaite, dans l'état où elle a été frappée, sa valeur est maximale, mais la moindre griffure peut faire baisser son prix de 30 à 50 % : dans ce cas, elle est considérée comme simplement ''splendide''. Ensuite, la gradation de sa valeur obéit à divers degrés : très belle, belle, etc. Une monnaie est belle lorsque, tout en présentant une certaine usure, elle conserve encore bien visible les détails de son dessin. Les monnaies *numismatiques* comptent parmi les plus recherchées, à la fois investissement et objet de collection. Depuis l'époque hellénistique, l'art numismatique a produit des chefs-d'œuvre : dessins fantastiques des Gaulois, portrait de César, médailles de Pisanello en Italie, effigies des rois de France et médaillons commémoratifs, gravures de David d'Angers, de Rude ou de Carpeaux au XIXe siècle et jusqu'au modernisme de la Semeuse par Oscar Roty en 1897.

Les monnaies *semi-numismatiques* sont elles aussi préférables pour celui qui a davantage la passion de la collection que le simple besoin de faire un investissement : leur prix d'achat comporte en effet un droit qui peut se monter à environ 35 %. Parmi ces monnaies, on peut citer en particulier la *Souveraine,* c'est-à-dire la livre sterling qui fut frappée jusqu'en 1957, des monnaies comme le fameux *Napoléon* en or ou les pièces de 10 ou 20 dollars américains.

Les monnaies *commerciales* sont celles que l'on peut acheter librement à l'étranger si elles ont été frappées avant une date donnée : les Souveraines, les pièces de 10 et de 20 dollars ou le *Kruggerand,* la monnaie sud-africaine qui pèse exactement une once troy.

La numismatique, c'est-à-dire la science de l'étude des monnaies, réunit des foules de passionnés et de collectionneurs dans le monde entier. Leurs motivations sont d'ailleurs très diverses : culturelles, historiques, économiques, artistiques ou psychologiques. Parmi ces dernières, les experts définissent un certain désir de ne pas disperser sa propre énergie, un désir que symbolise la règle numismatique elle-même qui, comme on l'a vu, empêche le collectionneur d'entrer en contact physiquement avec l'objet de sa passion, sous peine de lui faire perdre sa valeur.

Attention aux faux

Le faux est en effet le piège majeur. Les monnaies pourraient par exemple avoir été ''refrappées'' avec une date antérieure à celle qu'elles portaient réellement, de manière à entrer dans le circuit de la vente par pure fraude. Même si l'or que contiennent ces monnaies datées est le même, leur valeur numismatique est dès lors annulée. Il y a aussi le cas où l'or contenu dans la monnaie ne représente que les deux tiers de la proportion qui correspond à la définition légale. Bref, prudence ! La meilleure solution consiste à demander conseil auprès d'une banque ou d'un spécialiste, même si la passion de la numismatique, l'érudition et l'expérience permettent de se mouvoir avec une certaine autonomie dans le monde merveilleux des monnaies anciennes.

CHAPITRE VII

SE COUVRIR D'OR : ARTS ET
TECHNIQUES DE L'ORFÈVRERIE

L' OR est une valeur, l'or est un symbole, l'or est un rêve, l'or peut être une folie. C'est ce que nous venons de voir : l'or comme moteur des actions humaines (ou des malédictions). Mais l'or que nous portons, le bijou qui nous attire dans la vitrine scintillante, comment naît-il ? D'où vient-il ? Or et bijoux, voilà venu le moment de faire mieux connaissance avec eux, de parcourir leur histoire, de photographier leur présent, voire d'émettre quelques hypothèses sur leur avenir.

Un art divin

"Elle était vêtue d'un péplum plus resplendissant que la flamme du feu et elle portait des spirales torses et des fleurs brillantes, des colliers magnifiques ornaient son cou délicat, très beaux, tout en or, ciselés..."
(Homère, *Hymne à Aphrodite*).

Voici bien un trousseau digne d'une déesse, mais somme toute assez peu différent de celui que possédaient les nobles dames de l'antiquité grecque ou romaine. L'or à cette époque régnait en maître. Pas de pierres de couleur, pas d'incrustations qui détournent l'attention. Rien que de l'or diversement travaillé (granulation, métal repoussé, filigrane), selon les différentes techniques mises au point essentiellement par les Egyptiens, les Phéniciens ou les Etrusques, ces grands orfèvres de la Méditerranée archaïque et classique. Il y avait les colliers, les bracelets, les boucles d'oreilles, mais surtout les fibules, une avalanche de fibules pour maintenir assemblés sur son corps les vêtements drapés qui ne connaissaient pas le principe de la couture.

Les couleurs de l'Orient

Dès le IIIe siècle av. J.-C., l'or n'était déjà plus le seul à régner en maître sur l'orfèvrerie et la bijouterie, lors-

que les Occidentaux, avec Alexandre, découvrirent les splendeurs des trésors de la Perse, de l'Inde ou de la Sarmatie. Dans ces trésors, la splendeur de l'or s'accompagnait de l'arc-en-ciel rutilant des émaux, des rubis ou des émeraudes. Souvent, l'or se limitait alors à jouer le rôle de support pour des compositions chromatiques qui révèlent des goûts et des comportements, des processus techniques assez différents de la simplicité sculpturale et du robuste dépouillement de l'orfèvrerie classique. Le *Diadème de Canosa,* qui se trouve aujourd'hui au Musée archéologique de Tarente en Italie, en est un témoignage. Emaux, pierres dures (onyx, sardoine), pâtes de verre, pierres précieuses de couleur (émeraudes, rubis, saphirs), constellant les bagues, les bracelets, les colliers, les boucles d'oreilles, lesquels se font de plus en plus volumineux et tendent à constituer, avec le diadème ou la couronne, des parures coordonnées d'un luxe invraisemblable. A Rome, héritière de l'empire d'Alexandre, se constitua une puissante corporation d'artisans-orfèvres, avec des compétences spécialisées : les *caelatores,* ou ciseleurs, *les bracteari,* qui battaient l'or pour le réduire en fines feuilles, les *aureatores,* c'est-à-dire les doreurs de métal, les *margaritari,* qui faisaient commerce de perles et les enchâssaient.

Splendeurs byzantines

Suivre la route des couleurs qui resplendissent, c'est arriver tôt ou tard à Byzance, cité littéralement couverte d'or et de pierres précieuses, depuis les édifices publics et religieux jusqu'aux vêtements que portent ses habitants. Depuis plus de 1 400 ans, Théodora et Justinien nous regardent depuis les mosaïques de Ravenne, idoles lumineuses plus que créatures humaines, sortes de monstres éblouissants recouverts d'or, de joyaux et de couleurs. Avec leurs longues robes surchargées de gemmes, des bagues à chacun des doigts sur chacune des deux mains, d'énormes pendentifs accrochés aux oreilles, les deux souverains sont également une exposition complète des techniques byzantines : or ajouré, filigranes, motifs repoussés, joyaux enchâssés, émaux *cloisonnés.* C'est l'échantillonnage classique d'une civilisation du luxe dont tout le monde connaît les séductions et dont le prestige a traversé les siècles. Et du reste n'était-il pas empereur de Byzance, ce fameux Constantin VII Porphyrogénète (911-959) qui, tandis que les civilisations de Rome et de l'Europe étaient sur le point de sombrer dans des siècles de sombre décadence, s'amusait à jouer à l'orfèvre dans son laboratoire privé, un peu comme Marie-Antoinette jouait encore à la bergère tandis que du côté de Paris montait la rumeur du grand bouleversement ?

Elégances barbares

Ostrogoths, Visigoths, Avars, Vandales et Lombards : c'est un déferlement de peuples, de langues et de mœurs différents qui envahit les terres fertiles de l'Europe et commence à constituer les premiers noyaux d'où émergeront ensuite les Etats, à tracer les premières frontières pour lesquelles ensuite les peuples se feront la guerre. Ce sont des peuples qui gardent encore les traditions de la vie nomade, incapables de se projeter ''en grand'' et pour l'éternité. Pas d'art durable par conséquent. Pas d'architecture. Mais de l'or et des bijoux, une richesse tangible, symbole concret du pouvoir et du commandement. Dans l'Europe en gestation, l'orfèvrerie et la bijouterie sont les témoins essentiels de l'art des Barbares, la mémoire inaltérable de races qui sont apparues

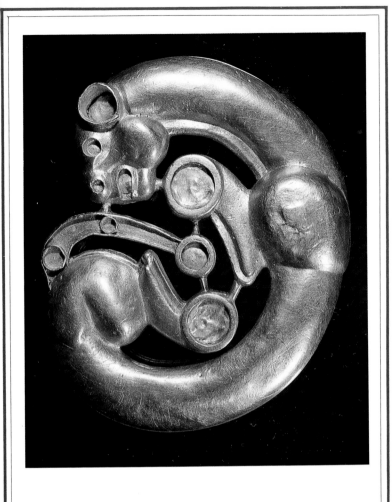

*Panthère en or, Art des Scythes, musée de l'Ermitage
(cl. Michel Desjardins, Top).*

puis disparues et fondues dans l'un des creusets les plus impressionnants de l'histoire. Nous sont restés intacts de véritables trésors barbares, et en particulier ceux des Lombards.

On retrouve dans l'orfèvrerie des Barbares pratiquement toutes les techniques qui se pratiquent encore aujourd'hui : la fusion, le métal repoussé, le filigrane, la granulation, l'or ajouré, le travail des pierres précieuses, la gravure des pierres dures, l'enchâssement des gemmes, le polissage des pierres, l'inclusion en alvéoles des pâtes de verre... Une maîtrise du métal et des pierres qui permet toutes les bizarreries, toutes les folies.

Un saint pour les orfèvres :
les institutions de l'art

Le statut de l'orfèvre, à ces époques, était privilégié et reflétait une position élevée. A l'aube des premières monarchies, il devint un artiste attaché à la personne du souverain, un conseiller et un expert, responsable de l'emploi des métaux pour la frappe de la monnaie et des pierres pour les joyaux de la couronne. C'est le rôle qui échut à Eloi, orfèvre et frappeur de monnaie

Saint Eloi au travail. Gravure sur bois du XVᵉ siècle.

auprès des rois mérovingiens. Il était si réputé pour la pureté de ses mœurs et sa scrupuleuse honnêteté qu'il devint archevêque et fut sanctifié. On fit de lui le saint protecteur des orfèvres, à l'intention desquels il avait établi les premières règles professionnelles. Eglises et couvents, trésors et joyaux : au Moyen Age, les ateliers d'orfèvrerie se créaient et prospéraient dans les monastères, sous la protection des abbés aux noms prestigieux. L'un deux, Théophile, fut l'auteur du premier manuel d'arts appliqués, le *Diversarum artium schedula,* dans lequel il est question, entre autres choses, de l'orfèvrerie et de ses techniques, en faisant référence aux frères orfèvres, aux émailleurs et aux sertisseurs de pierres. Entre-temps s'ouvraient à Paris les premiers ateliers laïcs où l'on fabriquait, ''à l'usage des barons et des dames'', des broches, des colliers, des bagues et des bracelets, des couronnes et des boucles de ceinture.

Le trousseau de Valentine

Trente-cinq bagues, quatorze fermaux, une couronne d'or avec six grandes fleurs et six plus petites faites avec 312 pierres précieuses, une couronne avec six grands lis et six plus petits, quatre ceintures d'or dont une avec quatorze saphirs, 46 rubis, 34 perles, 56 diamants, 110 onces de petites perles : tel est le modeste trousseau nuptial de Valentine Visconti, qui épousa le Duc de Bavière en 1393. Ils étaient bien révolus ces temps où Florence ''vivait en paix, simple, sobre et pudique'', comme le rappelle Dante. En un peu plus d'un siècle,le luxe avait conquis ses droits : la société gothique et courtoise vivait une époque d'élégance raffinée où le bijou jouait un rôle essentiel dans la définition du statut individuel, quel que soit le sexe. Le traitement du métal parvint alors à des sommets de virtuosité et de légèreté : ce sont de véritables dentelles d'or tissées de pierres précieuses. Les perles, les pierres de lune, les rubis, les saphirs, les émaux rehaussent l'or d'éclats et de lueurs, de reflets et de brillances. Chaque pierre possède en outre une signification symbolique dans le langage mystérieux et secret de la haine ou de l'amour, de la jalousie ou du souvenir. Les objets liturgiques eux-mêmes deviennent les éléments de véritables trésors qui enrichissent considérablement les cathédrales et les abbayes. C'est vers cette époque que sont établies à Paris les règles de la corporation des orfèvres : elles rendent obligatoires sur chaque objet fabriqué le poinçon de maître (la signature de l'orfèvre), la garantie du titre (un autre poinçon) et la marque de la ville d'origine.

La mode du diamant

Charles dit le Téméraire, ''grand duc d'Occident'', dernier représentant de la maison de Valois, déployait un luxe, un faste largement plus raffinés que le roi de France. Ses domaines étaient immenses et son règne encouragea tous les arts. Lui-même nourrissait une passion dévorante pour l'or et les pierres précieuses, tandis que sa cour resplendissait de bijoux dans une opulence sans pareille. Il semble que ce soit à lui que l'on doive la ''découverte'' de la taille du diamant. Appelé à sa cour, le tailleur de pierres rares, Louis de Berken, originaire de Bruges, lui avait suggéré d'utiliser de la poudre de diamant pour polir, ciseler, façonner la pierre la plus dure de toutes. Jusqu'alors, on ne connaissait que la taille dite ''en ronde bosse'' : la taille à facettes délivra le diamant de son sommeil enchanté et le fit réellement scintiller pour la première fois. C'est alors que commença à décliner la mode des pierres de couleur, rubis, saphir ou émeraude, tandis que le diamant devenait la pierre précieuse par excellence. Ce n'est pas un hasard si ce sont des ferrets en diamants qui sont au cœur de l'intrigue perfide tramée par Richelieu contre Anne d'Autriche.

L'orfèvre, artiste sublime

Il ne reste qu'une salière : stupéfiante, unique, mais ce n'est jamais qu'une salière. Et pourtant, dans une histoire de l'or et de l'orfèvrerie, comment ne pas citer le nom de Benvenuto Cellini ? Si grande est l'illustre renommée qui l'accompagna pendant toute sa vie, si grand est l'écho de prestige qui reste attaché à son œuvre à travers les siècles. Le fait est que Benvenuto Cellini exprime au niveau le plus haut ce trait de génie qui abolit la différence classique entre l'artisan et l'artiste, entre les arts dits mineurs et les arts majeurs.
Il exprime ce que l'on a l'habitude d'appeler la ''nou-

*Gobelet en or filigrané d'Anne d'Autriche, XVIIᵉ siècle
(cl. Réunion des Musées nationaux).*

velle conscience`` de l'homme de la Renaissance, qui, dans tout ce qu'il réalise, trouve art et dignité. Du reste, Léonard de Vinci lui-même passait de la peinture à l'architecture ou à la décoration : costumes, décors de théâtre, jeux d'eaux et décors gastronomiques pour le compte de l'éphémère Ludovic le Maure. Sans doute Vinci a-t-il également dessiné des bijoux pour les dames de son maître et il n'aurait pas dédaigné réaliser ce que fit Cellini pour François Ier, à savoir cette immortelle salière en or. Cellini avait toujours mis par écrit les secrets et les techniques de son art dans ses *Traités*, véritable somme d'une tradition millénaire et actualisation magnifique de sa condition au XVIe siècle, après environ cent ans de contributions magistrales comme celles de Laurent le Magnifique, qui fut le premier à réunir une collection de pierres précieuses de l'Antiquité.

Pendentif flamand du XVIe siècle : gravure du XIXe.

Des idoles parées comme des châsses

Du haut de leurs portraits officiels, Claire Eugénie d'Espagne, Elisabeth la Grande ou Eléonore Gonzague contemplent l'histoire avec distance et froideur : visage d'une pâleur extrême, comme les perles qui constellent

Alonzon Sanchez Coello : l'Infante Isabel Clara Eugenia.

leurs lourdes robes, bouches purpurines rouges comme les rubis qui jettent des lueurs sanguines à leur corsage. Avec leurs doigts, leurs poignets et leur taille emprisonnés par l'or et les lueurs serpentines de l'émeraude qui luisent dans leurs perruques, jusque sur leurs gants ou les ferrets de leurs escarpins. Difficile de dire si elles avaient un corps ou un visage, ces créatures étranges qui ont pourtant bel et bien existé, derrière ces folies vestimentaires qui, mieux que toute autre chose, nous parlent de ces temps de splendeur et de cruauté, lorsque Shakespeare composait des sonnets amoureux et des tragédies sanglantes, lorsque Galilée découvrait de nouveaux mondes dans le ciel, que Pizarro détruisait des empires à l'autre bout du monde et que Philippe II se réfugiait au fond de l'Escurial "enveloppé dans son manteau royal".

C'était les premiers signes avant-coureurs des délires baroques qui ont joué avec l'or et les pierres précieuses jusqu'à des sommets de virtuosité, en se permettant des juxtapositions audacieuses avec des matériaux exotiques : noix sculptées, cornes de bouquetin, nacre, cristal de roche, que ce soit pour des objets décoratifs, des objets de table ou des objets liturgiques. Bien peu de chose a subsisté de ce faste, à cause de trésors entiers fondus pour faire la guerre, payer les mercenaires ou honorer les dettes royales envers les banquiers. Un nom est resté : baroque, terme qui, semble-t-il, désignait une perle irrégulière et qui est devenu le symbole d'un art et d'un goût voués à l'excès, au paroxysme, à l'abîme...

Raffinements français

C'est en 1633 qu'est édité à Paris le grand traité de Gilles Legaré, le *Livre des ouvrages d'orfèvrerie,* où se fait entendre un air nouveau. L'orfèvrerie est devenue "coquette" et prépare la voie au luxe délicat et gracieux du XVIIIᵉ siècle, le Siècle des lumières dans tous les sens du mot. La palme du triomphe revient sans aucun doute au diamant qui trouve un éclat encore plus rayonnant lorsque les tailleurs d'Amsterdam et d'Anvers inventent la taille en rosette et que le Vénitien Vincenzo Peruzzi parvient au summum de la luminosité avec la taille en brillant, pour laquelle, à partir de la forme de base de l'octaèdre, il obtient la couronne de 33 facettes sur une partie inférieure de 25 faces. Derrière le diamant et sa vogue éclatante, il y avait les fabuleux gisements de Golconde et d'Hyderabad, découverts depuis peu par les Hollandais et qui approvisionnaient les marchés d'Amsterdam, d'Anvers et d'Augsbourg, grandes métropoles de l'or et des bijoux.

C'est également à cette époque de richesse et de démesure que naquit la parure, somptueux ensemble assorti comprenant un diadème, des boucles d'oreilles, un collier et une broche, que les grands orfèvres joailliers créent tout spécialement pour les grandes dames, la Reine et ses favorites.

*Dorure à la feuille dans la chambre de la Reine, à Versailles
(cl. Rosine Mazin, Top).*

A la grecque ou à la romaine

Puis vinrent les jours troublés de la Révolution. Les hardis républicains abolissent dans la foulée les monarchies, les perruques, les robes à paniers et les prouesses végétales de la mode rocaille. Voici le temps des austères drapés à l'antique, adoucis quelque peu par de vertigineux décolletés que surmontent des coiffures inspirées de la mode grecque ou romaine. C'est le style Directoire, et pour ces nouvelles silhouettes, il faut des bijoux plus simples, plus dépouillés, plus classiques, c'est-à-dire en réalité néo-classiques. Les silhouettes de Joséphine, de Pauline, ''Vénus impériale'', des sœurs et des belles-sœurs de Napoléon resplendissent de grâce et d'élégance sur le grand tableau que David réalisa pour immortaliser le Couronnement de l'empereur : c'est un échantillonnage complet du nouveau goût, le document visuel le plus parfait d'une période historique qui fut brève, mais intense. Elle fut d'ailleurs à l'origine de la tendance au renouveau (néo-classique, néo-Renaissance, etc.) qui caractérise en grande partie le XIXe siècle.

Le XIXe siècle rêve du passé

C'est en effet du néo-classicisme que sont sortis tous les autres ''néo'' : roman, gothique, troubadour, Renaissance, baroque, rococo. Avec une débauche de références qui vont submerger le siècle pendant plus de cinquante ans, en le rendant peu aimable et peu aimé. L'or et le bijou suivent le mouvement. On trouve par exemple de grosses broches ''barbares'' (ornées invariable-

Bracelet néo-gothique, sur un dessin français du XIXe siècle.

ment d'émaux cloisonnés), de lourdes ceintures agrémentées de ferrures plus ou moins encombrantes et des bagues aux allures de chevalières qui évoquent de près l'anneau épiscopal. Avec à nouveau, un goût marqué pour les pierres de couleur. Heureusement, le génie de ce siècle fertile en inventions vient à la rescousse avec les premiers ateliers qui travaillent à la chaîne, tandis que l'invention de la galvanoplastie permet de dorer et d'argenter des métaux moins nobles, avec un prix de revient parfaitement supportable.

Des dynasties d'orfèvres

Le mérite d'avoir défendu haut et fort l'honneur de l'art et de ses productions revient sans nul doute aux grandes dynasties d'orfèvres qui naissent justement au XIX^c siècle, établissent leur renom et encore aujourd'hui jouissent d'une illustre célébrité.

Il s'agit avant tout de la maison Fabergé, qui créa ce que l'on appelle couramment l'"école russe" et qui s'imposa comme fournisseur privilégié des Tsars. C'est à Saint-Pétersbourg que Peter-Carl Fabergé (1846-1920) ouvrit son atelier, et en 1870 il employait déjà plus de 500 personnes. Ses catalogues étaient diffusés dans le monde entier et ses filiales étaient installées de Moscou à Kiev en passant par Odessa et jusqu'à Londres. La production la plus caractéristique de Fabergé est ses œufs de Pâques, créés chaque année pour le Tsar, son épouse ou sa mère, œufs précieux et raffinés contenant à l'intérieur ou en décor des joyaux encore plus rares et plus précieux. Aujourd'hui les *Oeufs* de Fabergé sont très recherchés sur le marché de l'art, témoignages d'une époque deux fois révolue... En 1847, ce sont aussi à Paris les débuts d'un bijoutier nommé François Cartier, un nom qui, aujourd'hui encore, signifie luxe et prestige. A Rome, c'est un Grec du nom de Sotirio Bulgari qui fonde au XIX^c siècle la maison qui porte toujours son nom. Outre-Atlantique, au tournant du siècle, apparaissent les noms prestigieux de Van Cleef & Arpels ou Tiffany.

Design et pureté des lignes

C'est en 1880 que fut publié un manuel d'artisanat intitulé *Art Workers Guild*. Il proclamait le retour à l'objet fait à la main, sans perdre néanmoins le degré de qualité dû aux exigences de la production industrielle. C'était l'œuvre de l'Anglais William Morris et de son mouvement "Arts and Crafts", utopie généreuse d'un grand architecte et designer, qui rêvait de Beau et d'Unique pour les ouvriers. C'est en réalité à partir de Morris et de son école que se développa le premier style moderne du XIX^c siècle, l'Art Nouveau, que les Anglais appellent Liberty. Le bijou y joue un rôle majeur, repensé en termes de formes et de matériaux. René Lalique, joaillier et verrier français, avant de se consacrer aux objets de verre et de cristal, s'illustre avec virtuosité dans le bijou, utilisant à la fois les matériaux traditionnels et des matières comme l'ambre, la nacre ou la corne pour créer de stupéfiantes concrétions d'inspiration végétale. L'irruption du designer dans le domaine de la création et de la production industrielle est l'un des phénomènes les plus caractéristiques du XX^c siècle, depuis les objets austères et dépouillés de l'*école de Vienne* ou les recherches rationalistes du *Bauhaus,* jusqu'aux derniers prolongements post-modernes que l'on voit éclore de nos jours.

René Lalique : *Pendentif en or, émaux et brillants, vers 1900*

LES TECHNIQUES DE L'ORFÈVRERIE

A cause de sa malléabilité, l'or pur pourrait être sujet à des chocs et à des déformations. C'est pourquoi, en orfèvrerie, il est courant de l'allier à d'autres métaux qui le rendent plus dur et plus résistant, tout en lui faisant prendre une teinte particulière. C'est ainsi que le cuivre permet d'obtenir de l'*or rouge,* l'argent de l'*or vert,* le nickel, le palladium ou le platine de l'*or blanc,* tandis qu'avec l'aluminium, on peut même travailler l'*or violet.* Selon la proportion d'or présente dans l'alliage, on détermine un titre variable, que l'on mesure en millièmes ou en carats. Le carat est l'unité de mesure qui définit le rapport entre l'or pur contenu dans un alliage et le poids total de l'alliage. Lorsque l'or est pur (1000 millièmes), sa mesure est de 24 carats. L'alliage le plus couramment utilisé en orfèvrerie est celui à 18 carats, c'est-à-dire 750 parties d'or pur sur les 1000 de l'alliage. Dans certains pays, par exemple la Turquie et l'Egypte, on travaille des ors à 14 carats (585/1000) et même à 9 carats (375/1000). Une fois l'alliage désiré obtenu, l'orfèvre n'a plus que l'embarras du choix devant toutes les techniques de travail. Aujourd'hui, de nombreux processus de fabrication ont été industrialisés et mécanisés, mais presque toujours, ce sont des techniques qui dérivent des procédés les plus anciens du travail de l'or, et lorsque l'on veut obtenir une pièce particulièrement soignée, ce sont encore les méthodes artisanales qui se révèlent les plus satisfaisantes.

Filigrane et granulation : comme de la broderie

Les origines de l'une et de l'autre techniques remontent pratiquement aux premières tentatives pour travailler l'or, au Moyen Orient, en Egypte ancienne et chez les Etrusques. Apparemment, la chose est simple : pour le filigrane, il s'agit d'aplatir un ou plusieurs fils d'or entrelacés et, comme si c'était de la dentelle, de faire suivre aux volutes que forment les fils les formes du décor que l'on veut obtenir. Pour la granulation c'est un peu plus compliqué. Il faut en effet

d'abord obtenir une multitude de minuscules perles ou de grains d'or, avant de les souder côte à côte sur une surface lisse. Les Etrusques étaient passés maîtres dans cette technique. Les grains d'or se chiffraient par centaines (400 à 800 grains d'or par centimètre carré) et au moyen d'un procédé de soudure aujourd'hui tombé en désuétude, ils parvenaient à créer, par juxtaposition, des effets de clair-obscur très suggestifs. C'est justement pour essayer de retrouver les méthodes en usage chez les Etrusques que de nombreux orfèvres par le passé ont dépensé des trésors d'énergie et de longues années d'études. L'un des plus fameux fut sans doute l'orfèvre italien Castellani qui, au siècle dernier, fit de sa propre recherche stylistique une véritable science consacrée à l'étude des vestiges archéologiques, contribuant ainsi à enrichir nos connaissances sur les Romains et les Etrusques.

La cire perdue : comme aux temps de Cellini

Cette technique, elle aussi, remonte à des millénaires avant l'ère chrétienne. Le procédé de base est relativement simple et, permet de modeler des bijoux raffinés à un prix de revient nettement inférieur à celui qu'ils atteindraient s'ils étaient ciselés. L'orfèvre prépare un modèle original (souvent réalisé en maillechort), dont il obtient un moule en caoutchouc pour confectionner le modèle en cire. Le "bijou de cire" est ensuite enveloppé dans du plâtre réfractaire qui, une fois séché, est chauffé jusqu'à ce que la cire puisse s'écouler de l'intérieur. A ce moment, on peut couler dans la cavité qui s'est formée au cœur du plâtre l'or fondu qui adhère aux parois du moule, en en prenant exactement la forme, dans ses moindres détails. Lorsqu'il est refroidi, il ne reste plus qu'à le libérer avec toutes les précautions nécessaires, avant de le "nettoyer" et de corriger les défauts éventuels.

Gravures et incisions : la griffe du maître

Dans le travail traditionnel de l'orfèvre, l'instrument dont il se sert pour graver s'appelle le burin. Mais on peut dire qu'il existe pratiquement autant de burins différents que d'orfèvres, car chacun met au point les dimensions et le degré de dureté, selon le type de décor, selon aussi la légèreté plus ou moins grande de la main qui le tient : c'est un peu comme le choix d'un pinceau et des couleurs pour un peintre.

Du portrait à la nature morte ou au paysage, comme en peinture, il est possible de graver n'importe quel décor sur une surface en or. Lorsqu'il s'agit de graver une grande quantité de pièces avec des dessins géométriques ou des motifs qui ne présentent pas de difficultés particulières, on fait intervenir des machines à ultrasons

Une montagne de lingots d'or (cl. Gigli, Rapho).

[73]

Ciselures et or repoussé : le pouvoir du sculpteur

Benvenuto Cellini définissait le ciseau comme l'un des outils de la création : c'est avec des coups de marteau que l'on fait naître d'une feuille de métal des formes et des reliefs. C'est en effet en ''forçant'' le métal, en le ''repoussant'', que l'on peut obtenir le relief d'un motif ornemental, avec des détails beaucoup plus fouillés que ce que permet par exemple le simple estampage d'une plaque de métal. Bien entendu, les précautions à prendre sont infinies, car l'épaisseur du métal, l'or en l'occurrence, et les outils avec lesquels on travaille dans ce cas précis sont exactement proportionnés, de manière à éviter la moindre cassure ou même une minceur excessive du métal à certains endroits de l'objet qui seraient ensuite trop fragiles.

Email : la magie de la couleur

Il s'agit d'un revêtement vitreux, transparent ou opaque, que l'on applique sur des objets en métal ou en céramique. On obtient les émaux en faisant fondre de la soude ou de la potasse avec du sable et de l'oxyde de plomb. Connue depuis des temps très anciens, la technique de l'émail appliquée à l'art du bijou ne remonte qu'au IIIe siècle apr. J.-C. et elle connut son rayonnement le plus intense au XIIIe et au XIVe siècles. La délicatesse extrême et la complexité du travail de l'émail en ont provoqué la quasi-disparition à l'époque actuelle. Selon la technique d'émail utilisée, on distingue : le cloisonné, où les différents motifs sont délimités par de très minces cloisons de métal, sortes d'alvéoles qui retiennent la matière vitrifiée, d'après une technique qui était surtout répandue au Moyen Age ; le champlevé, lorsque l'émail est appliqué dans des alvéoles également, mais qui sont creusées (''levées'') dans l'épaisseur du métal ; l'émail translucide à basse taille, où l'émail est appliqué en couches très minces sur un métal ciselé en relief ou gravé ; l'émail peint, qui consiste à utiliser les émaux comme des couleurs à appliquer au pinceau sur un support métallique ou un enduit d'émail blanc.

Le travail de l'émail, sur une planche de l'Encyclopédie

Le nielle et la séduction du graphisme

On définit cette technique comme une incrustation décorative d'un émail noir sur un fond métallique incisé (assez souvent de l'argent, mais aussi de l'or). Procédé très répandu à l'époque de la Renaissance, mais aussi aux XVIIIe et XIXe siècles, lorsque prospéraient les ''boutiques'' russes, le nielle est un moyen privilégié d'orner des surfaces de dimensions variables. Mélange de soufre et de sulfure de plomb, de cuivre ou d'argent, il produit une couleur d'un noir intense et s'emploie soit comme base pour le fond d'un dessin, soit comme trait qui délimite des surfaces de métal.

CHAPITRE VIII

BRILLANTS OBJETS DU DESIR

DERRIERE les cristaux lumineux des vitrines-écrins qui se côtoient dans les rues les plus élégantes des grandes villes, des bijoux des mille et une nuits s'offrent à la vue avec parcimonie, pour mieux se faire convoiter : des velours sombres, des boîtiers moelleux et des éclairages savants composent des mises en scène très étudiées pour mettre en valeur ces chefs-d'oeuvre de haute joaillerie, dont le prix plus que considérable attire irrésistiblement les regards et les envies. Même si chacun de nous sait très bien que ces raretés ne lui appartiendront jamais (mais après tout, qui sait ?), si l'on ne peut que rêver du ''solitaire'' exceptionnel ou de la gourmette en or massif ornée de pierres précieuses (à moins d'être une diva, une riche héritière ou une reine du jet-set international), jouir du spectacle qu'offre l'un de ces temples de la bijouterie est un véritable plaisir qui réjouit l'oeil et réchauffe le coeur. Encore aujourd'hui, ces boutiques illustres aux noms légendaires restent les symboles vivants d'une tradition d'art et de goût, le style et la classe des grands joailliers, mais aussi le style des grands seigneurs qui venaient en ces lieux pour passer commande d'un objet rare, d'un collier au dessin unique, d'une pierre extraordinaire qui allait illuminer le visage de l'une de ces grandes élégantes fin de siècle. D'autres adresses sont plus accessibles, mais non moins précieuses, répandues un peu partout, nombreuses même dans certains quartiers. Quelle excitation que de passer en revue les petits plateaux sur lesquels sont alignés des modèles pour tous les goûts !

Des bijoux pour tout le monde

Aujourd'hui, on trouve des bijoux pour tous les goûts et pour toutes les bourses. Et dans chacun d'eux, l'or demeure un protagoniste indiscutable, irremplaçable.

Depuis la pièce de choix, cadeau de mariage, au petit bijou d'adolescent que l'on achète pour un anniversaire, depuis le joyau rare et unique au modèle de série plus modeste, tout est possible. Il s'est produit en effet au cours des dix dernières années une véritable révolution dans le domaine de l'orfèvrerie. A côté de la grande joaillerie de luxe, qui continue de s'adresser à un public privilégié, et de la bijouterie traditionnelle (bagues de fiançailles, cadeaux d'anniversaire, de mariage, etc.), on assiste au succès fracassant de la "petite bijouterie" : pièces d'un prix modeste, modèles très variés, beaucoup d'imagination dans les motifs et surtout dans la juxtaposition des matériaux utilisés. Chaque année, une nouvelle mode est lancée, et l'on prend l'habitude, de plus en plus, de ne pas choisir désormais un bijou nécessairement "pour la vie", mais de la même manière qu'un costume, un tailleur, ou bien une fourrure, avec la satisfaction supplémentaire que l'or conserve toujours sa valeur... La notion de durée, qui a été fondamentale pendant des siècles à propos du bijou, doit aujourd'hui tenir compte de celle de "mode". Ce phénomène est une stimulation intéressante pour les stylistes, les bijoutiers et les techniciens qui doivent se renouveler continuellement. Tandis que l'évolution du style en bijouterie a toujours été plus lente que dans l'habillement, aujourd'hui, il faut reconnaître que les choses changent du tout au tout. Et puisque le vêtement et le bijou sont destinés à être portés ensemble, il est juste que le bijoutier suive des modes ou des tendances, au même titre que le couturier ou le styliste.

De l'or, encore de l'or, toujours de l'or

Dans le monde des objets précieux, qu'ils soient anciens ou modernes, l'or reste une constante, un point de référence éternel, toujours présent, toujours premier.
Il enchâsse, il fait le lien, il sert de support, il enchaîne... Outre le voisinage des pierres précieuses ou semi-précieuses dans le style traditionnel, il aime aussi se marier avec des pierres dures (qui représentent une famille plus que nombreuse), mais aussi avec une infinité de matériaux "pauvres" qui, justement parce qu'ils côtoient ainsi une matière aussi précieuse que l'or, s'en trouvent du même coup ennoblis et gagnent en dignité

[77]

en acquérant un prix insoupçonné. Ainsi de l'écaille ou du bois, du cuir ou de la nacre, de la soie, de la céramique et même du métal ou de l'acier, qui peuvent s'allier avec l'or et donner des créations originales, très séduisantes et d'un prix qui devient parfaitement abordable. Après tout, l'or n'est-il pas, de toute éternité, le métal de la jeunesse éternelle ? Même s'il est employé tout seul, l'or se prête à des créations qui ne sont pas simplement splendides et resplendissantes, ce qui n'est que justice, mais aussi d'une incroyable variété de lignes et de teintes. Des juxtapositions de parcelles d'or de différentes couleurs, des techniques de travail différentes, des sources d'inspiration du passé, des échos et des motifs du folklore, des tracés futuristes, des compositions spéciales (or ''sablé'', martelé, émaillé, satiné, etc.) : tout est possible avec l'or. Un bijou en or est toujours facile à porter, il va bien avec tout et dans toutes les occasions.

A chacun son style

Dis-moi quel bijou tu portes et je te dirai qui tu es. Ce n'est pas très difficile à trouver, en général, et c'est un petit jeu très amusant. L'exhibitionniste arbore ses bijoux avec faste et ostentation, elle choisit des colliers et des parures immodestes, des breloques voyantes, elle ose des bijoux dans les cheveux, des chaînettes à la cheville et des cercles énormes à chaque oreille. La timide porte des pendentifs innocents, de simples anneaux où ne brille qu'un diamant, elle cache sa chaîne d'or sous son pull. La femme-enfant continue de porter sa médaille de baptême ou de première communion, sa gourmette de petite fille avec les breloques porte-bonheur choisies une par une. La raffinée privilégie les bijoux anciens, les bijoux essentiels de grande classe, jamais voyants : en nombre réduit mais tous de belle qualité, quelle que soit la mode du jour. Elle préfère d'ailleurs les bijoux de famille. La romantique adore les bijoux de grand-mère, les boucles d'oreilles à pendentifs, les broches en filigrane, les camées, les émaux et les perles à monture d'or. La folklorique qui aime les voyages aime aussi les bijoux ''barbares'', les bracelets massifs, les médaillons ciselés, les pendentifs et les chaînes en cascade. L'intellectuelle en revanche s'investit dans les bijoux-sculptures signés par de grands noms, elle aime l'Art Déco pour ses lignes

La visière doublée d'or des astronautes fait irrésistiblement penser aux masques de l'Egypte ancienne (cl. NASA, Galaxy contact).

géométriques, elle accorde de l'attention aux créations exclusives des grands designers. Mais dans chacune de ces femmes, en réalité, c'est souvent un mélange où domine tantôt le romantisme, tantôt le modernisme.

Qui achète quoi ?

L'Italie se place au premier rang parmi les pays qui achètent de l'or pour le transformer. Bien entendu, elle exporte une grande partie des bijoux qu'elle produit, mais cela ne l'empêche pas d'être une consommatrice passionnée. Second pays transformateur d'or : les Etats-Unis. Ils achètent beaucoup également à l'étranger, et principalement en Italie. Au troisième rang, curieusement, on trouve l'Inde. Dans cet immense pays, en effet, les bijoux, en or tout particulièrment, possèdent une valeur sacrée très importante depuis toujours, soit comme cadeau de noces traditionnel (l'épouse apporte sa dot sous forme de bijoux), soit sous forme d'investissement. Mais quels sont les bijoux qui sont aujourd'hui les plus demandés ? D'après une enquête récente effectuée en Italie, on s'aperçoit que la bague vient en première place. Bien évidemment, la séduction qu'exerce ce bijou remonte à la plus haute antiquité et ses significations symboliques sont nombreuses. Elle est toujours d'actualité, comme gage d'amour mais aussi comme ornement d'une des parties les plus expressives du corps humain. Ensuite vient le collier, essentiellement la chaîne (l'Italie est le pays le plus spécialisé au monde dans la production de ce bijou) : bijou classique s'il en est, ouvert aux variations les plus nombreuses, toujours à la mode et toujours apprécié. Au troisième rang s'inscrivent les boucles d'oreilles, qui connaissent aujourd'hui un véritable regain d'intérêt. A vis, à anneau, à pendentif, elles bénéficient d'un courant de mode évident, surtout parce que de nombreuses jeunes filles se font percer le lobe pour pouvoir les porter avec plus de sécurité que les boucles à clip.

L'or, gage d'amour

En moyenne, 80% des achats faits dans une bijouterie sont destinés à des cadeaux. Les occasions sont en premier lieu celles, on ne peut plus classiques, des étapes fondamentales de la vie : la naissance, la première communion, le baptême, la réussite à un examen, les fiançailles, le mariage, les anniversaires de mariage ou autres... Dans les pays où la tradition religieuse (catholique surtout) est solidement implantée, les cadeaux traditionnels passent par la médaille, la chaîne, la petite cuiller et la timbale, bref, le trousseau inévitable, dont les modèles évoluent peu. Il s'agit ainsi de souligner avant tout la valeur de témoignage d'un objet qui dure dans le temps et que l'on associe par conséquent à un changement, à une étape dans la vie, au passage d'un état à un autre. La tradition de ce type de cadeau est plus répandue dans le Sud que dans le Nord, où elle subsiste néanmoins encore solidement. Mais il existe bien d'autres occasions dans la vie pour offrir un bijou : demande de faveur, remerciement, amitié, etc. Offrir un bijou à une femme toutefois, a toujours correspondu

à une preuve concrète de sentiment : amour, passion, dévotion, fidélité. Mais attention : la médaille a aussi son revers. Accepter un cadeau de prix de la part de quelqu'un - si l'on en croit la psychologie des profondeurs -, cela veut dire accepter un rapport de dépendance ou de lien plus ou moins étroit avec celui ou celle qui a fait le cadeau. Nombreux ont été les cas où le fiancé, le mari ont réussi à garder intacts les rapports qui les liaient avec la fiancée, la femme ou l'amante, grâce à un bijou en or offert à intervalles réguliers. De la part de celui qui offre, donner en cadeau un bijou à une femme veut dire qu'il déclare publiquement la nature des droits qu'il prétend avoir sur elle. C'est aussi affirmer, à travers la femme parée de bijoux, son propre pouvoir économique et sa propre position sociale. La femme, traditionnellement, est ainsi gratifiée de ce rôle de ''support ostentatoire'' - ainsi la définissent les sociologues -, dans la mesure également où elle se trouve

[81]

placée en vue de la considération publique et le point de mire de l'estime de son milieu social. Il semble que les femmes aient accepté cette règle du jeu. Pendant des siècles, elles ont pris comme gages d'amour ces précieux bijoux qu'on leur offrait, comme signes d'un statut particulier, mais également comme la "couverture" de situations on ne peut plus gratifiantes.

C'est moi qui me le paye !

Aujourd'hui, heureusement, on a appris à faire la différence entre les sentiments et la réalité. Les études sociologiques et les rapports des statistiques révèlent que quelque chose a changé ou est en train de changer. De plus en plus souvent, les femmes préfèrent choisir elles-mêmes leurs propres bijoux, plutôt que de les recevoir en cadeau, dans un bel écrin soigneusement clos, de leur père, de leur mari ou de leur amant : 45% des achats de bijoux sont aujourd'hui effectués par les destinatrices. De plus en plus nombreux sont également les achats féminins qui restent autonomes jusqu'au moment de payer la facture. S'il est assez facile de convaincre son compagnon de la liberté de choix ("Cette année, pour Noël, mon petit cadeau, c'est moi qui le choisis"), ce qui sous-entend que le généreux donateur passera chez le bijoutier avec son carnet de chèques, il est encore assez rare de voir des femmes se permettre de "s'offrir" un bijou d'un prix respectable. Et pourtant la tendance est très nette, surtout dans les grandes villes où les femmes qui travaillent sont en majorité : de plus en plus souvent, elles achètent en toute indépendance ce que l'on appelle la "petite" ou la "moyenne" bijouterie. C'est un signe d'affirmation de soi, une manière de concrétiser sa propre assurance, de donner corps à une position que l'on a atteinte par son propre talent, à une liberté, même psychologique, que l'on a conquise par rapport à l'autre sexe et aux conventions sociales.

L'or, un grand séducteur

La fascination qu'exerce l'or est presque irrésistible. Même en bijouterie où les pierres de toutes les couleurs lancent des lueurs magiques et des reflets enchanteurs, la splendeur absolue de l'or, sa chaleur rayonnante, ne craignent aucune comparaison. Avec l'or, on souligne certaines parties du corps, on attire les regards. Avec l'or, on déclare son pouvoir, sa richesse, on prouve son amour, on pare son corps. Avec l'or, les femmes prennent les hommes au piège. Avec l'or, les hommes séduisent les femmes, cherchent à conquérir leur amour, engagent ou rompent leurs relations. L'or séduit parce qu'il parle le langage éternel du pouvoir économique et celui, fugace, de la vanité. Il permet de combiner le plaisir de thésauriser et celui de faire étalage de son pouvoir. Les femmes se laissent séduire par l'or également parce que l'or est leur fidèle ami : sur la peau, il la fait resplendir, sur une robe un peu neutre, il apporte une note de raffinement, au doigt il attire tous les regards, au poignet il donne plus de grâce aux gestes, au cou il ajoute de l'élan en le parant.

Des rêves d'or

L'or ne séduit pas seulement sous la forme de bijou. Un service en vermeil sur une table fait immédiatement penser à un festin de cour. Dans les palais somptueux des émirs arabes ou sur les yachts des milliardaires, immanquablement, les poignées de porte, les robinets de la salle de bain, le moindre accessoire ou utensile : tout est en or. Savent-ils qu'ils se montrent ainsi les dignes émules de Louis II de Bavière qui s'en allait faire le tour de ses Etats, comme dans les légendes, installé sous ses fourrures, dans un carrosse d'or ?

L'or au masculin

Outre le briquet, le stylo, le porte-clefs, le coupe-papier et autres menus objets qui, avec l'alliance et la montre, entrent sans difficulté dans le trousseau classique de l'homme d'aujourd'hui, voici poindre le renouveau du bijou masculin : sobre, raffiné, surtout pas voyant, l'or y domine à part entière. Voici revenus l'épingle de cravate et les boutons de manchette. Un certain narcissisme du mâle, l'oubli de certains tabous (selon lesquels un homme qui porte des bijoux est un efféminé notoire), la recherche d'une assurance, le plaisir esthétique de porter un bel objet durable et précieux, une sorte de compétition aussi avec la femme émancipée.

CHAPITRE IX

MINES, MARCHANDS ET MUSÉES : LES HAUTS LIEUX DE L'OR

L'or qui circule aujourd'hui à travers le monde, celui des réserves bancaires de chaque état, celui que l'on porte au cou ou au doigt, celui qui couronne vos dents, celui de certains circuits électroniques, celui aussi des médailles et des collections numismatiques, tout cet or, d'où vient-il ? Ce fleuve d'or qui brille, inaltérable, aux quatre coins du monde pour le plaisir des yeux, où prend-il sa source ?

Les mines de la Reine de Saba

Nous sommes en 1871, dans une région méconnue et mystérieuse de l'Afrique du Sud, sur le territoire du Zimbabwe qui avait été jadis un empire glorieux, mais qui n'est plus à l'époque qu'une colonie britannique où des immigrants allemands et hollandais se sont installés. Là, dans une colline autour de laquelle planent d'étranges légendes, le géologue allemand Karl Mauch a découvert, lors d'un premier sondage, assez d'or pour penser qu'il se trouve à l'emplacement des mines légendaires de la Reine de Saba, de la fabuleuse Ofir, métropole mythique d'où partaient les caravanes lourdement chargées d'or, en direction du pays de Punt... Karl Mauch publia le résultat de ses découvertes et, du jour au lendemain, l'Afrique du Sud se trouva envahie par les inévitables chercheurs d'or. En vain le gouvernement chercha-t-il à endiguer l'affluence. En 1886, l'invasion fut totale. En l'espace d'une nuit, à côté des gisements du Witwatersrand, une ville sortit de terre, Johannesburg. Et en dix ans, sa population passa de 3000 à 10 000 habitants. Depuis lors, le précieux métal (ainsi que le diamant) est devenu la ressource essentielle du pays. Déjà en 1900, la République du Transvaal produisait 14% de l'or mondial. En 1974, l'Etat fédéral d'Afrique du Sud, né après la guerre entre les Anglais et les Boers, parvenait à en

Eléphant en or, Côte d'Ivoire (cl. Olivier Martel, Top).

produire 54%. En 1981, il couvrait 68,4% de la production du monde occidental.

Les mystères de l'Union soviétique

Toute la partie du monde qui vit sous la domination de l'Union soviétique reste en effet d'une discrétion absolue et ne fournit aucune statistique. ''On sait'' que les mines soviétiques fournissent des quantités considérables d'or, ce qui fait de l'URSS le second producteur d'or du monde. On estime cet apport à environ 200 ou 300 tonnes par an. Après ces deux colosses de l'or que sont l'Afrique du Sud et l'Union Soviétique, c'est le Canada que l'on trouve en troisième position, suivi par les Etats-Unis, le Brésil et les Philippines.

Un pays ''en or''

Extrait des mines, où va-t-il cet or brut pour devenir bijou ? Pour une grande partie, il prend le chemin de l'Italie, qui en absorbe des quantités considérables compte tenu de l'exiguïté de son territoire et de son poids économique. Les chiffres parlent tout seuls : on transforme en Italie 172 tonnes d'or contre 65 seulement aux Etats-Unis ! Des tonnes d'or qui entrent en Italie ''nues'', et qui en ressortent revêtues de couleurs et de formes dont la palette est à la mesure du nombre d'artisans ou d'industriels de l'or qui ont créé en Italie le plus brillant commerce mondial de bijoux en or.

Un métier en or

Cela ne fait aucun doute : un orfèvre de talent, aujourd'hui, vaut son pesant d'or. Mais comment devient-on bijoutier quand on a un minimum de vocation ? La voie royale est celle qui conduit vers les lieux mêmes qui sont réputés pour ce travail de haute précision. Les grandes maisons d'orfèvrerie possèdent des écoles et des ateliers où l'on apprend le métier, sur des bases strictement techniques mais aussi culturelles, en étudiant l'histoire, l'art, le costume, les styles, etc. Les élèves qui sortent de ces écoles sont parmi les mieux appréciés et ils trouvent naturellement un emploi auprès des maisons qui les ont formés. Il existe également des écoles d'arts appliqués qui permettent ensuite d'entrer en apprentissage chez un grand bijoutier, pour une période plus ou moins longue.

De Florence à Athènes, du Caire à Genève...

Une fois extrait, commercialisé, transformé, voici l'or prêt à séduire. L'or vous attend partout. Innombrables sont les bijouteries qui ont pignon sur rue dans les grandes villes. A Milan, il existe même un supermarché du bijou ! Il n'existe pas une seule petite ville, ou même un bourg qui ne possède au moins une bijouterie. Il est vrai aussi que certaines rues dans certaines villes semblent avoir concentré le maximum de splendeurs. En Italie, le Ponte Vecchio à Florence est célèbre entre tous. Des dizaines de petites boutiques d'orfèvre se tiennent côte à côte, offrant de tout depuis le bijou ancien (ou à l'ancienne) jusqu'à la chevalière massive ou au produit industriel. Dans les grandes capitales, certaines bijouteries sont spécialisées dans les bijoux anciens. A Paris, le Louvre des Antiquaires réunit un nombre impressionnant de magasins où le choix est toujours renouvelé, avec tous les styles, toutes les modes et tous les prix, en bénéficiant malgré tout de la garantie d'experts. Si l'on est attiré par les bijoux ''mycéniens'', de style grec archaïque, c'est à Athènes qu'il faut aller, dans les magasins de Karditza, de Zolotos ou de Lalaouinis, dans le quartier de Plaka. La capitale grecque possède aussi un bel assortiment de bijoux artisanaux. L'or du Grand Bazar d'Istambul vaut également le détour. On y trouve de tout, de l'ancien et du moderne. Mais l'or en Turquie est presque toujours à 14 carats. Les bijoux style années 30 ou 40, massifs et originaux, sont une spécialité du Caire, où on les appelle les ''bijoux du Trentiss'', tandis que la pure tradition berbère se rencontre en Algérie à Ghardaia. Beaucoup d'or arabe également à Tunis, au souk de l'or, à Marrakech (bab Robb et bab Agnaou), à Fès et à Salé. Aux confins de la péninsule arabe, à Sana'a au Yémen, il existe un quartier entier spécialisé uniquement dans les objets en or. En Afrique noire, ce sont surtout Dakar au Sénégal et bien entendu Johannesburg en Afrique du Sud qui concentrent le marché de l'or. Mais si vous n'avez pas le temps de parcourir le globe, contentez-vous de prendre le chemin de la Suisse, qui s'y entend bien pour parler d'or. Les rues spécialisées se trouvent à Zurich (Bahnofstrasse), à Bâle (Freierstrasse), à Berne (Martgasse et Metzergasse), à Genève (à la Croix d'or), à Lausanne (rue Bourg et rue Saint-François), à Lugano (via Nassa) et à Saint-Moritz (Dorstrasse). Enfin si vous n'avez aucune envie de quitter Paris, le quartier de l'Opéra et surtout la place Vendôme peuvent suffire à votre bonheur.

L'or des siècles passés

Impossible de prétendre connaître vraiment l'or et ses ressources si l'on ne va pas visiter ces hauts lieux que sont les musées, où l'on conserve des collections prestigieuses et des témoignages irremplaçables. Sans oublier les Trésors des cathédrales, où l'on conserve les plus beaux exemples de l'orfèvrerie sacrée. Commençons notre périple par les bijoux antiques, phéniciens, étrusques, grecs et romains : halte obligatoire dans les musées italiens, *Musées de la Préhistoire* et à la *Villa Giulia* à Rome, au *Musée archéologique de Florence* (pour de splendides exemplaires étrusques), au *Musée archéologique de Naples* et au *Musée national de Tarente* pour les bijoux grecs. Les joyaux du Moyen-Age et les raffinements gothiques sont conservés dans tout leur éclat à Sienne (*Musée de l'Opéra del Duomo*), à Rome (*Musée du Haut Moyen-Age*), tandis que les chefs-d'oeuvre de la Renaissance et du Baroque vous attendent à Florence (*Opéra del Duomo* et *Musée des Argents*) et à Milan (*Musée Poldi Pezzoli*). Une fois commencée cette quête passionnante de l'or, à travers l'histoire, difficile de renoncer au spectacle des trésors crétois, mycéniens et grecs d'Athènes (*Musée archéologique national*) et de Héraklion en Crète (*Musée national*), sans parler des trésors islamiques du Topkapi à Istambul. Le *Victoria et Albert Museum* de Londres possède d'éblouissantes vitrines qui conservent des siècles d'or réunis par les savants et les gouvernements du temps de l'Empire britannique. Quant au *Kunsthistorisches Museum* de Vienne, c'est lui qui conserve entre autres l'immortelle salière de Benvenuto Cellini. Des salles entières consacrées à l'or et aux bijoux sont à parcourir au *Musée des Arts Décoratifs* à Paris, à la *Schatzkammer de la Résidence de Munich*, au *Nationalmuseum de Nuremberg*, à l'*Ermitage* de Léningrad... pour finir par le Trésor de

Toutankhamon, que l'on peut contempler (entre autres merveilles) au *Musée National égyptien* du Caire. Pour conclure en splendeur ce chapitre, voici deux musées entièrement consacrés à l'or et aux bijoux : le *Musée de l'Or* à Bogota, où l'on peut voir une pièce entièrement tapissée d'or et de joyaux, unique vestige des chambres sacrées des Incas, et le *Musée des Bijoux* de Pforzheim, en Allemagne, qui présente un hallucinant panorama de 4500 ans d'orfèvrerie et de bijouterie.

A l'intention des passionnés de trésors aux quatre coins de la France, voici quelques lieux dignes d'intérêt, dont la liste n'est nullement exhaustive. *Musée municipal de Guéret* (Creuse) : collection d'orfèvrerie limousine, émaux champlevés et émaux peints, du XIIᶜ au XVIIIᶜ siècle. Dans le cloître de l'ancienne abbatiale de Sainte-Foy de Conques : un prestigieux trésor dont le fleuron est la *Majesté de Sainte Foy,* l'une des pièces les plus précieuses et les plus étranges de l'orfèvrerie médiévale ; y figure aussi le fameux reliquaire de Pépin. Le *Musée d'art religieux de Chancelade* (Dordogne) est également riche d'objets liturgiques et de pièces d'orfèvrerie, calices, ciboires et ostensoirs. A Toulouse, le *Musée Saint-Raymond,* parmi ses riches collections antiques, possède de très beaux colliers et bracelets gaulois en or. A Bordeaux, l'orfèvrerie est superbement représentée au *Musée des Arts Décoratifs :* service de table, montres, art sacré. Autre musée spécialisé dans les Trésors religieux, celui de Nantes (*Musée Thomas Dobrée*) avec le prestigieux reliquaire en or et émail du coeur d'Anne de Bretagne, sans oublier celui de Troyes, dans la *cathédrale Saint-Pierre-et-Saint-Paul,* ou celui de la cathédrale Saint-Jean à Besançon. A Nice, le *Musée Masséna* possède une importante collection de bijoux d'Europe, d'Afrique du Nord, des Indes et de la Chine, ainsi qu'un fabuleux cabinet de médailles.

CHAPITRE X

UN LIVRE D'OR

PETRARQUE a sans doute composé pour sa Laure bien-aimée des vers immortels - ''cheveux d'or à la brise épars'' - et l'or plus d'une fois a servi de terme de comparaison poétique avec la chevelure de la femme. Mais il semble bien que l'or véritable, le métal lui-même, n'ait guère excité les Muses et inspiré les poètes. A l'inverse, au chapitre des romans d'aventure, quelle revanche ! Cela commence avec les obscures légendes de trésors enfouis, de paille transformée en pièces d'or, de mines secrètes gardées par des gnomes au cœur des montagnes... Puissant inspirateur de chroniques, de romans biographiques, de récits d'archéologues, l'or illumine le ''grand roman de l'archéologie'', il jette d'étranges lueurs sur les chroniques de la Conquête espagnole et les récits de la ruée vers l'or, où les illuminés côtoient les aventuriers les plus déterminés.

L'or de Priam

Les ouvriers s'éloignèrent. ''Prends ton châle rouge !'' cria Schliemann en sautant dans le fossé. Il s'escrimait avec son couteau comme un forcené. Au-dessus de sa tête, des masses énormes et des ruines millénaires se dressaient, de plus en plus menaçantes. Mais il se moquait du risque. ''Sans perdre une seconde, je détachai le trésor avec un grand couteau et je n'y réussis qu'au prix d'un effort énorme, avec beaucoup de péril. Le grand mur de fortification que je devais creuser par en-dessous menaçait à chaque minute de s'écrouler sur moi. Mais la vue de tant d'objets d'une valeur inestimable me rendait fou d'audace et je ne pensais pas au risque.''

L'ivoire blanc luisait dans sa densité opaque, tandis que l'or tintait. La femme de Schliemann tenait le châle et le châle se remplissait d'inestimables trésors. Le trésor de Priam ! Le trésor en or de l'un des rois les plus puissants de l'Antiquité, lourd de larmes et de sang, les bijoux d'hommes semblables aux dieux, ensevelis depuis trois mille ans sous les murailles écroulées de sept règnes détruits, étaient enfin rendus à la lumière du jour ! Schliemann ne douta pas un instant d'avoir trouvé le trésor...

Les deux époux emportèrent le trésor dans leur cabane de bois, furtivement, comme des voleurs. Et ils jetèrent enfin un regard sur les bijoux amoncelés sur une grossière table de bois. Il y avait des diadèmes et des fermoirs, des chaînes, des pièces et des boutons, des filigranes et des anneaux... Et Schliemann très ému prend une paire de boucles d'oreilles, il prend un collier et il pare sa jeune femme : des bijoux vieux de trois mille ans pour une Grecque de vingt ans ! Et il la regarde, et il murmure : ''Hélène''

C.W. Ceram, *Civilisations enfouies.*

Le trésor d'Ali Baba

Il se planta donc devant le rocher et il cria d'une voix forte : ''Sésame, ouvre-toi !'' Et bien que sa voix ait tremblé un peu à cause de l'émotion, néanmoins le rocher commença à tourner sur lui-même en révélant une vaste ouverture. Ali Baba fut saisi d'une indicible épouvante, il sentit ses jambes trembler et fut sur le point de s'enfuir. Mais, alors qu'il osait jeter un coup d'œil vers l'intérieur, au lieu de la grotte sombre et épouvantable qu'il avait imaginée, il vit une galerie de pierre bien polie, spacieuse et bien éclairée par un fleuve de lumière qui pleuvait du sommet... Il commença à inspecter le lieu où il se trouvait, passant d'émerveillement en émerveillement, il vit que la galerie était pleine à craquer de balles d'étoffes précieuses, de tapis de soie et, choses plus surprenantes encore, de sacs et de coffres débordant de pièces d'or, de bijoux et de pierres précieuses. Et le pauvre Ali Baba, qui de toute sa vie n'avait jamais vu même la partie infinitésimale de tant de richesses, écarquillait les yeux et osait à peine toucher du bout des doigts cet or, ces diamants et ces pierres.

Les Mille et Une Nuits

Alchimie tropicale

L'embryon de laboratoire comprenait - outre une grande profusion de récipients, entonnoirs, cornues, filtres et passoires - un athanor plutôt sommaire, une éprouvette en cristal au col étroit, à l'image de l'œuf philosophique, et un distillateur fabriqué par les gitans eux-mêmes, d'après les descriptions modernes de l'alambic à trois branches de Marie la Juive. En sus de tout cela, Melquiades laissa des échantillons des sept métaux correspondant aux sept planètes, les formules de Moïse et de Zosime pour la multiplication de l'or et une série de notes et de croquis relatifs aux propriétés du Grand Magistère qui permettait à qui saurait les interpréter de se lancer dans la fabrication de la pierre philosophale. Séduit par la simplicité des formules de multiplication de l'or, José Arcadio Buendía fit du charme à Ursula pendant plusieurs semaines afin qu'elle le laissât déterrer ses pièces coloniales et les multiplier autant de fois qu'il était possible de diviser le mercure. Comme toujours, devant l'entêtement inébranlable de son mari, Ursula céda. José Arcadio Buendía jeta alors trente doublons dans une casserole et les fit fondre avec de la limaille de cuivre, de l'orpiment, du soufre et du plomb. Il mit le tout à bouillir à feu vif dans un chaudron rempli d'huile de ricin jusqu'à ce qu'il obtînt un épais sirop dégageant une odeur pestilentielle et faisant davantage penser au caramel populaire qu'à l'or magnifique. Par suite de distillations plutôt hasardeuses et finalement désastreuses, fondu avec les sept métaux planétaires, travaillés avec le mercure hermétique et le vitriol de Chypre et cuit à nouveau dans de la graisse de porc à défaut d'huile de raifort, le précieux héritage d'Ursula fut réduit à quelques graillons carbonisés qu'on ne parvint pas à détacher du fond du chaudron.

Gabriel Garcia Marquez
Cent ans de solitude
trad. Par Claude et Carmen Durand
Le Seuil

La folie Californienne

C'est l'or.
Le rush.
La fièvre de l'or qui s'abat sur le monde.
La grande ruée de 1848,49,50,51 et qui durera quinze ans.
San Francisco.
Et tout cela est déclenché par un simple coup de pioche.
Ces foules qui se ruent. D'abord celles de New York et de tous les ports américains de l'Atlantique et, immédiatement après, celles de l'Hinterland et du Middle West. Un drainage s'effectue. On se parque dans les cales des steamers qui vont à Charges. Puis c'est la traversée de l'Isthme, à pied, à travers les marécages. 90% des effectifs meurent de la fièvre jaune. Les rescapés qui atteignent la côte du Pacifique affrètent des voiliers.
San Francisco ! San Francisco !
The Golden Gate.
L'Ile aux Chèvres.
Les wharfs en bois. Les rues boueuses de la ville naissante que l'on pave avec des sacs pleins de farine. Le sucre vaut 5 dollars ; le café, 10 : un œuf, 20 : un oignon, 200 ; un verre d'eau, 1 000. Les coups de feu retentissent et les revolvers, des 45, font office de shérifs. Et derrière cette première marée humaine, d'autres foules, d'autres foules se ruent, venues de bien plus loin, des rives d'Europe, d'Asie, d'Afrique, du Nord et du Sud.
En 1856, plus de 600 navires franchissent la baie ; ils déversent des foules sans cesse renouvelées qui se ruent aussitôt à l'assaut de l'or.
San Francisco ! San Francisco !
Et cet autre nom magique : SUTTER.
On ignore généralement le nom de l'ouvrier qui donna ce fameux coup de pioche.

Il s'appelait James W. Marshall, il était charpentier de son métier et originaire de New Jersey.

Johann August Sutter, je ne dirai pas le premier milliardaire américain, mais le premier multimillionnaire des Etats-Unis, est ruiné par ce coup de pioche.

Il a 45 ans.

Blaise Cendrars
L'or. La Merveilleuse Histoire
du Général Johann August Sutter.

Apparition dorée

"Bonjour, trésor..." La voix familière de son fiancé la fit tressaillir. Judy Jones avait laissé en plan son cavalier et traversé le salon juqu'à lui... Judy Jones, mince poupée émaillée, enroulée dans un tissu d'or. D'or, le petit cercle qu'elle avait sur la tête ; d'or, les pointes de ses souliers sous l'ourlet de sa jupe. Le teint pâle de son visage parut éclore tandis qu'elle souriait. Un souffle de tiédeur et de clarté parcourut la salle. Les mains de Dexter, dans les poches de sa veste de soirée, se fermèrent en un geste spasmodique. Une excitation soudaine s'empara de lui. "Quand es-tu revenue ?" demanda-t-il nonchalamment "Viens avec moi et je te le dirai." Il se retourna et la suivit. Elle avait été loin... et maintenant le miracle de son retour lui donnait envie de pleurer. Elle avait longé des rues enchantées en faisant des choses semblables à la musique provocante. Chaque événement mystérieux, chaque espoir nouveau et qui le ranimait, tout avait disparu avec elle et revenait maintenant avec elle.

Francis Scott Fitzgerald, Nouvelles.

La psychologie du chercheur d'or

"Ce n'est pas aussi facile que vous le croyez", continua le vieil Howard. "Vous dites que vous serez satisfait avec cinquante mille pépites ; mais moi je vous dis que, si jamais vous trouvez quelque chose, personne ne pourra plus vous en détacher. Pas même la menace d'une mort horrible ne pourra vous empêcher de convoiter dix mille pépites supplémentaires. Et si vous en trouvez cinquante, vous en voudrez cent, pour être à l'abri le reste de votre vie. Lorsque finalement vous en avez cent cinquante, vous en voulez deux cents pour être tranquille, bien tranquille, on ne sait jamais ce qui peut se passer... Il est plus facile de se lever d'une table de jeu quand on est en train de gagner que d'abandonner un filon d'or quand on a accumulé un beau petit magot. L'or est devant toi comme les trésors de ce personnage arabe, Aladin. Il est là pour que tu le prennes. Non, monsieur, tu ne peux pas le laisser là, même si tu avais dans les mains un télégramme t'annonçant que ta vieille mère est en train de mourir toute seule à la maison. J'ai moi-même ramassé une assez belle somme. J'ai creusé dans le Montana et au Colorado et dans je ne sais plus combien d'autres pays encore." L'un des jeunes gars demanda : "D'après ce que vous dites, monsieur, vous avez cherché de l'or dans le monde entier, alors comment se fait-il que vous soyez ici, sans un sou en poche ?"

"L'or, mon cher, l'or : voilà ce qu'il fait de toi, l'or."

"La malédiction de l'or ?" Curtin donnait l'impression de ne pas en être convaincu le moins du monde. "Je ne vois pas pourquoi l'or devrait être maudit. Où elle est cette malédiction ? Bavardages de vieilles femmes. L'or est aussi bien une bénédiction qu'une malédiction : tout dépend de celui qui le possède. En fin de compte, c'est la nature bonne ou mauvaise du possesseur qui décide si l'or est un bien ou un mal. Donnez à une canaille un sac plein de cailloux ou une bourse pleine de pièces d'argent : il se servira de l'un ou de l'autre pour satisfaire ce qu'il veut. Et, soit dit entre parenthèses, la plupart des gens ignorent que l'or en tant que tel ne sert à rien. Supposons que je puisse faire croire aux gens que je possède des montagnes d'or : je pourrais réaliser les mêmes coups que si j'avais réellement cet or. Ce n'est pas l'or qui transforme l'homme : c'est le pouvoir que l'or donne à l'homme qui transforme son âme. Et pourtant ce pouvoir n'est qu'imaginaire..."

B. Traven,
Le Trésor de la Sierra Madre

L'Eldorado selon Voltaire

Ils entrèrent dans une maison fort simple, car la porte n'était que d'argent, et les lambris des appartements n'étaient que d'or, mais travaillés avec tant de goût que les plus riches lambris ne l'effaçaient pas. L'antichambre n'était à la vérité incrustée que de rubis et d'émeraudes ; mais l'ordre dans lequel tout était arrangé réparait bien cette extrême simplicité. Le vieillard reçut les deux étrangers sur un sofa matelassé de plumes de colibri, et leur fit présenter des liqueurs dans un vase de diamant ; après quoi il satisfit à leur curiosité en ces termes : "Je suis âgé de cent soixante et douze ans, et j'appris de feu mon père, écuyer du roi, les étonnantes révolutions du Pérou dont il avait été témoin. Le royaume où nous sommes est l'ancienne patrie des Incas, qui en sortirent très imprudemment pour aller subjuguer une partie du monde et qui furent enfin détruits par les Espagnols. Les princes de leur famille qui restèrent dans leur pays furent plus sages ; ils ordonnèrent, du consentement de la nation, qu'aucun habitant ne sortira jamais de notre petit royaume ; et c'est ce qui nous a conservé notre innocence et notre félicité. Les Espagnols ont eu une connaissance confuse de ce pays, il l'ont appelé El Dorado ; et un Anglais, nommé le chevalier Raleigh, en a même approché il y a environ cent années ; mais, comme nous sommes entourés de rochers inabordables et de précipices, nous avons toujours été jusqu'à présent à l'abri de la rapacité des nations de l'Europe, qui ont une fureur inconcevable pour les cailloux et pour la fange de notre terre, et qui, pour en avoir, nous tueraient tous jusqu'au dernier."

Voltaire, *Candide,* Chapitre 18,
"Ce qu'ils virent dans le pays d'Eldorado."